노인 질환별 운동처방 및 평가 핵심 지침

KRIEE
Korea Research Institute of Exercise Intensity and Evaluation
한국노인체육평가협회

노인스포츠지도사

노인스포츠지도사의 삶에 도전하는 멋진 당신에게

협회 KRIEE-SPT 노인운동전문가과정 교육을 하다보면 이런 질문을 많이 받습니다.

"선생님께서 생각하시는 노인운동 지도에서 가장 중요한 것은 무엇인가요?"

운동지도자가 갖추어야 할 덕목은 정말 많습니다. 기본 운동지도 능력, 생리학, 역학, 해부학, 영양학 등 트레이닝 전문성, 커뮤니케이션 스킬 등 모든 덕목들이 중요합니다.

하지만, 노인들을 대상으로 지도하는 트레이너라면, 무엇을 지도하는지 뿐만 아니라 어떻게 지도하는지가 더 중요합니다. 그래서 저는 위 질문에, 가장 중요한 덕목은 노인에 대한 '공감'이라고 말합니다.

노인들이 건강하고 행복한 삶을 유지하기 위해서는 운동이 필수적입니다. 하지만, 많은 노인들은 오히려 운동을 줄이고 하지 않는 것이 좋다고 생각합니다. 그리고 신체가 더는 젊어지고 건강해질 수 없다고 생각하는 경우가 많습니다. 이러한 생각은 노인이 가지고 있는 실제 신체기능을 제한하게 됩니다.

한편, 우리 지도자들은 모두 처음 운동을 시작하고 배울 때 불안감과 걱정이 컸었다는 사실을 쉽게 잊습니다. 그래서 우리는 운동하기 싫어하는 노인에게 공감할 수 있는 마음이 부족합니다.

노인들은 만성질환, 기능저하, 부상 위험 등으로 인해 운동을 시작하는 것에 큰 불안감을 느끼게 됩니다. 담당 노인의 만성질환 등 신체적 제한을 생리/해부학적으로 정확하게 배우고 이해하는 것이 제대로 된 공감의 출발입니다. 이러한 제한을 운동으로 극복할 수 있는 정확한 방법을 찾아주는 것이 노인운동지도자의 역할입니다.

노인이 운동을 시작하는 것은 기존 생활 방식에서 벗어나 새로운 도전을 하는 겁니다. 우리는 노인의 새로운 도전을 응원, 공감하고, 운동에 대한 긍정적인 태도를 유지할 수 있도록 도와야 합니다. 이를 통해 노인들은 자신이 할 수 있다는 자신감과 자기효능감을 갖게 되고 더욱 희망적인 태도로 운동수업에 참여할 수 있는 힘이 됩니다.

마지막으로, 예비 노인운동지도자님들께 당부드립니다. 부디 노인에 대한 공감과 사명감으로 지도 부탁드립니다. 우리가 만나는 노인은 삶의 끝에 계신 우리의 미래이기 때문입니다. 그 분들에게 우리는 생에 마지막으로 운동을 가르쳐 드리는 지도자가 될 지도 모릅니다.

'KRIEE 노인스포츠지도사'는 수많은 논문과 두꺼운 원서에서 실제 현장 적용이 가능한 최대한 핵심만을 뽑아 집필했습니다. 이 책을 통해 노인 운동지도의 첫 단추를 잘 끼워 건강이라는 가치를 정성스럽게 선물해주시길 기대합니다. 저희도 여러분들의 도전과 성장을 언제나 응원하고 돕겠습니다.

우리나라 노인에게 다시 봄이 오는 것을 기대하며
저자 일동

차 례

서 론 ──────────────────────────── 2

CHAPTER 01 노화의 특성 및 노인 질환별 운동 프로그램

Ⅰ. 노화의 특성(신체적, 심리적, 정신적 변화) ─────── 8

노화의 특성 │ 노화에 따른 신체적 변화 │
노화에 따른 심리적 변화 │ 노화의 사회적 특성

Ⅱ. 노인 질환별 운동 프로그램 ──────────── 22

심혈관계 질환 운동 프로그램 │ 호흡계 질환 운동 프로그램 │
근골격계 질환 운동 프로그램 │ 신경계 질환 운동 프로그램 │
당뇨병 운동 프로그램 │ 비만 운동 프로그램

CHAPTER 02 노인 운동 프로그램 설계

Ⅰ. 운동 프로그램 설계의 기본 원리 ───────── 50

노인 운동 프로그램 설계 기본원리

Ⅱ. 노인 운동 프로그램 목표 설정법 ───────── 52

노인 운동 프로그램 구성요소 │ 목표의 설정 │
노인 운동 프로그램 권장 지침

CHAPTER 03 노인 운동의 특징과 효과

Ⅰ. 노인 운동의 개념 ─────────────── 74

노인 운동의 개념

Ⅱ. 노인 운동 프로그램 설계의 특수성 ─────── 76

노인 운동 프로그램 설계의 특수성 |
지속적인 운동 참여를 위한 동기부여 방법 | 노인 운동의 효과

CHAPTER 4 노화와 노화에 관련된 이론

Ⅰ. 노화의 개념 ─────────────── 86

노화의 개념 | 연령의 분류 | 건강수명과 기대수명 |
고령화 사회의 분류 기준 | 우리나라 인구 변화 | 노화의 유형

Ⅱ. 노화와 관련된 이론 ────────────── 93

생물학적 노화 이론 | 심리학적 노화 이론 | 사회학적 노화 이론 |
발테스(Baltes)의 보상이 수반된 선택적 적정화 이론 |
로우, 칸의 성공적 노화 이론

CHAPTER **5** 노인 운동 지도를 위한 커뮤니케이션 및
위기관리법

Ⅰ. 노인 운동 지도사를 위한 의사소통 방법 ——————— 104

노인 스포츠 지도자의 지도 기법 | 노인 운동 지도 시 주의 사항 |
노인 스포츠 지도자의 자질 | 노인 운동지도사의 커뮤니케이션 방법

Ⅱ. 노인 운동 지도 시 위기관리 ——————————— 112

미국스포츠의학회(ACSM)의 건강/체력 시설 기준 및 지침 |
부상 및 응급상황 예방법 | 노인 응급 처치의 순서 |
응급 처치의 실시 | 응급 상황에 대처하는 방법

참 고 문 헌 ———————————————————— 115

한국노인체육평가협회 소개 ——————————————— 141

CHAPTER 01

노화의 특성 및 노인 질환별 운동 프로그램

Ⅰ 노화의 특성(신체적, 심리적, 정신적 변화)

1 노화의 특성

① 모든 생명체와 세포는 노화함

② 노화 속도는 개인에 따라, 신체계통에 따라 다름

③ 체내의 화학적 조성이 변화함

④ 신체 기능이 감소함

⑤ 환경변화에 대한 적응력이 감소함

KRIEE's PICK 노화에 따른 신체적 변화의 특성

① 신체 구조 및 기능의 저하
   피부와 지방 조직의 감소, 세포의 감소, 뼈와 수의근의 약화, 치아의 약화, 심장비대, 심장박동의 약화, 근 질량 감소, 관절 유연성 감소, 폐 탄력성 감소, 흉곽 경직성 증가, 수축기혈압과 이완기혈압 증가
② 외면상의 신체 변화
   흰 머리카락의 증가, 머리카락의 감소, 주름살의 증가, 얼룩 반점의 증가, 신장의 감소
③ 만성 질환 유병률의 증가
   퇴행성 관절염, 골다공증, 동맥 경화증, 고혈압, 당뇨병, 심장병, 신장병 등
④ 노화로 인한 낙상 위험성의 증가
   정상적 노화과정에 따른 노인 신체변화는 낙상 위험을 증가시킬 수 밖에 없다. 또한, 낙상에 대한 두려움이 신체활동을 제한하게 된다. 이에 기능적인 움직임 능력이 줄어들어 낙상 위험이 더 커지는 악순환이 생긴다. 점차 일상적인 활동이 줄어들어 삶의 질을 감소시키며, 노인의 사회적, 심리적 건강마저 위협받게 된다.

2 노화에 따른 신체적 변화

(1) 노화와 관련된 심혈관계 및 호흡계의 변화

중추적 변화	• 최대 심박출량, 최대 1회 박출량, 최대 심박수 감소 • 심장 근육의 수축 시간 연장 • 수축기 혈압, 이완기 혈압의 점진적 증가 • 운동 중 분비된 카테콜아민(catecholamine)에 대한 심장근육 반응 감소 • 폐 탄력성 감소, 흉곽 경직성 증가, 호흡기 근력 감소, 중추신경 활동에 대한 민감성 감소 • 최대 산소 섭취량의 감소
말초적 변화	• 운동하는 근육으로의 혈액 흐름 감소 • 동정맥 산소 차이 감소 • 근육의 산화 능력 감소 • 근육 미토콘드리아 수와 밀도 감소 • 혈관 경직도 증가

① 유산소 능력

• 활동 근육으로 산소와 에너지원을 공급하는 심폐계의 능력

• 폐호흡, 중추순환, 말초순환, 세포호흡의 4가지 생리적 기능의 상호작용을 포함

• 가스 분석을 통해 최대산소섭취량(VO_2 max, 인체가 신체활동에서 1분당 사용할 수 있는 최대 산소량)을 측정

• 노화과정에서 VO_2 max는 점점 떨어지며, 이는 폐에서부터 미토콘드리아까지 심폐계 구성요소의 퇴화로 인해 발생. 25~65세 사이 10년마다 VO_2 max는 약 10%씩 감소

- 유산소 능력 감소에 영향을 미치는 주요한 요인
  - 심장, 폐로부터 근육까지의 산소 전달에 관여하는 물질
  - 적혈구와 미토콘드리아 사이 산소확산에 영향을 미치는 물질
- 노화와 관련된 변화들은 장기간의 비활동에서 나타나는 변화들과 비슷함. 즉, 노화는 비활동에 따른 중추순환과 말초순환의 변화와 비슷함
- 최대 수준의 운동 중 심장에서 1분간 박출하는 최대 혈액량인 최대 심박출량은 노화와 함께 감소되며, 이는 노화와 연관된 $VO_2\,max$ 감소의 주된 원인이 됨
- 최대 심박수(HRmax, 점진적 운동부하검사 마지막 1분 동안에 측정된 심박수)는 20세 때 정점이며, 10년마다 평균 5~10회 감소한다. 보편적으로 최대 심박수는 나이로 예측되는 공식을 사용하는데, 노인의 경우 실측값보다 낮게 나타나므로 운동 강도를 결정할 때 운동자각도(RPE)가 보다 적절한 방법으로 제안되고 있음
- 동정맥 산소차는 동맥혈에 운반된 산소량과 정맥혈에 혼합된 산소량의 차이를 말하며, 이는 노화에 따라 감소한다. 65세 남성의 안정시 동정맥 산소차는 25세 남성보다 20~30% 낮게 나타났으며, 운동 시에는 약 10~12% 낮게 나타남
- 근육세포에서 에너지를 생산하는 미토콘드리아의 크기와 숫자, 호흡능력, 산화효소 활성능력이 감소됨
- $VO_2\,max$의 감소는 장애와 사망의 위험을 높일 수 있으며, 삶의 질을 감소시킬 수 있음

- 대사당량(METs : metabolic equivalents)은 신체활동의 강도를 나타내며, 1MET는 휴식상태의 산소섭취량으로 약 $3.5ml \times kg^{-1} \times 분^{-1}$이다. 즉, 체중 1kg당 1분에 1kcal(산소 3.5ml)를 소모하는 것임

- 85세의 노인이 독립적인 삶을 살아가는 데 요구되는 최소한의 유산소 능력은 남자의 경우 약 5METs, 여자의 경우 약 4.3METs 정도임

- 75세 이상의 건강하고 비활동적인 사람은 일반적으로 2~4 METs, 75세 미만인 사람은 5~7METs의 유산소 능력을 갖는 것으로 보고됨

② 심장의 변화

- 수축기혈압이 증가함에 따라 심장에 더 큰 부하가 가해져 대동맥과 대동맥 가지가 점점 경직됨. 이에 따라 25~80세 사이에 좌심실벽 두께는 30%정도 증가되며, 크기도 커짐

- 안정 시 심박수는 거의 변화가 없지만, 호르몬 자극에 대한 민감성이 떨어진 노인의 심장은 젊은 시절의 최대 심박수 수치에 다다를 수 없게됨

③ 혈압

- 안정 시 심실 수축의 최고 압력을 '수축기 혈압'이라하며, 이는 심장에서 혈액이 분출될 때 동맥벽에 가해지는 압력을 의미함. '이완기혈압'은 혈액이 모세혈관으로 흘러가 기관이나 근육으로 순환하는 동안 말초에서의 저항을 나타냄

- 나이가 들면서 수축기혈압과 이완기혈압은 증가한다. 이는 동맥벽에 지방 등이 축적되어 경화되거나 결합조직이 두꺼워지기 때문임. 또한 신경과민반응이나 신장의 기능 부전으로 말초혈액 흐름이 원활하지 않기 때문임
- 노화에 의해 세동맥의 반지름이 줄어들어 총 말초저항은 매년 1%가량 증가하는데, 이는 동맥혈관의 경직성이 늘어나기 때문이기도 하지만, 혈관 확장에 대한 생화학적 작용능력이 떨어지기 때문이기도 함
- 노화가 진행됨에 따라 동맥가지 벽의 민무늬 근육의 베타 수용체 수의 감소에 의해 카테콜아민의 확장 작용에 대한 반응이 떨어지는 것이 주원인으로 여겨짐
- 고혈압 환자들의 65~75%가 심혈관계질환 발병 위험을 가짐. 높은 수축기혈압은 노인들의 실신을 유발하는 기립성 저혈압과도 관련 있음

④ 폐의 변화
- 20~27세 사이 폐포 표면적은 15% 정도. 감소 이는 가스교환에 필요한 면적이 줄어드는 생리학적 사강(physiological dead space) 즉, 폐활량의 감소를 의미함
- 폐를 통해 순환되는 공기의 양은 1회 호흡량(TV), 흡기 예비용적(IRV), 호기 예비용적(ERV)과 잔기량(RV)의 4가지로 구분된다. 잔기량은 노화의 진행으로 25% 증가되는 반면, 1회 호흡량은 40~80세에 이르기까지 25% 감소함
- 노화에 따라 폐의 탄력성 감소, 흉곽의 경직성 증가, 호흡기의 근력 감소 및 호흡기 중추신경 민감성 감소 등이 나타남

(2) 노화와 관련된 근육 변화

노화에 따른 근감소증(sarcopenia)은 유산소 능력, 골밀도, 인슐린 민감성 및 신진대사율 등의 감소를 가져오며, 체지방 증가, 혈압, 심혈관계 질환 및 당뇨병 발병 등을 증가시킬 수 있다. 특히 하체근력의 감소는 기능장애 및 독립성 상실을 초래할 수 있다. 노화에 따른 근력의 감소는 단순히 근감소증에 의해서만은 아니라는 견해들이 지배적이다. 최근 대두된 근기능감소증(dynapenia)이라는 개념은 근력의 약화, 특히 근파워와 관련된 근기능의 감소를 설명해 주고 있다.

① 근육량

- 골격근의 type Ⅰ 섬유(지근)는 느리게 수축하며 쉽게 피로해지지 않는 반면, type Ⅱ 섬유(속근)는 빠르게 수축하며 쉽게 피로해짐

- type Ⅰ 섬유의 경우 항중력근을 제외하고는 노화에 따라 거의 변화가 없는 반면, type Ⅱ 섬유는 근섬유의 숫자와 크기에서 25~50%의 감소를 보임

- 특히 몸통과 하체에서 type Ⅱ 섬유의 위축은 고강도 신체활동 부족에 의해 초래됨

- 근육량의 감소와 운동단위 숫자의 감소에 의해 근력이 상실됨

- 근력은 50~70세 사이에 평균적으로 약 30% 감소하며, 80세 이후에는 더욱 급격한 상실을 보이며, 특히 하체의 근손실이 큼. 이는 운동성 문제와 밀접하게 관련되어 있는 것으로 밝혀짐

② 근파워(순발력)

- 파워는 "일이 수행되는 속도"로 정의되며, 일상적인 활동(목욕, 의복 착용, 조리) 및 레크리에이션 활동 수행에서 중요함. 노화에 따라 근파워는 근력보다 더 큰 폭으로 감소함
- 근파워 감소는 type II 근섬유의 선택적 위축, 운동 단위 숫자의 감소를 포함한 여러 요인들의 복합적인 결과에 의해 초래됨

(3) 노화와 관련된 신경계의 변화

65세 이상 노인에게 신경기능 장애는 신체기능장애의 가장 보편적인 원인이 된다. 노화에 따라 인지기능, 운동기능, 특수감각(시각, 청각, 미각, 후각)에서 진행성 퇴화가 발생하는 것은 피할 수 없는 현상이다. 그러나 영양상태, 지속적인 지적자극, 감각적자극, 운동자극을 통해 긍정적인 영향을 줄 수 있다.

① 인지기능의 변화

- 노화에 따라 기억, 주의력, 지능, 정보처리 속도 등을 포함한 인지기능이 저하되며, 이는 독립적인 생활을 어렵게 함
- 지능은 유동성 지능(추상 및 연관, 추리, 문제해결능력 등)과 결정성 지능(언어, 수학, 공간, 기계적 사고)으로 구성됨. 노화에 따라 유동성 지능은 저하되지만, 결정성 지능의 경우 영향이 없거나 오히려 좋아질 수 있음
- 주로 다른 기억과 관련이 없는 사건에 대한 단기적 기억에 어려움을 느낌. 예를 들어 이름, 물건을 둔 위치, 하루동안 한 일 등을 기억하지 못함. 또한 새로운 정보(특히 추상적인 정보)를 받아 처리하는데 시간이 증가함
- 유동성 지능 저하의 원인에는 두뇌로의 불충분한 산소공급, 신경전달 물질 합성 감소 등이 있음

② 감각과 운동 기능의 변화

- 중추 및 말초신경계에서 단순 반응시간과 선택 반응시간이 느려지며, 신경전달 속도가 10~15% 정도 감소됨. 또한 감각정보를 통합하는 능력도 저하됨
- 발과 발목의 고유수용감각 기능저하가 나타나고, 진동감각 및 전정계 기능이 감소되어 낙상 위험이 증가함
- 중추신경계의 정보처리능력은 감소되며, 반응속도가 점차 느려짐
- 체성감각 이상에 따라 낙상의 위험이 증가하고 자세가 불안정해짐. 이는 넘어짐을 줄이려는 심리적인 불안감을 만들어 점차 움직임 자체를 줄이게 되며, 그 때문에 자세조절 능력이 상실되는 악순환의 고리가 생겨날 수 있음

③ 시각과 청각의 변화

- 시각의 구조적, 신경적 요인 모두에서 노화에 따른 변화가 나타남. 특히 50세 이후에는 가까이 있는 작은 글씨를 읽는데 큰 어려움을 느낌
- 노화로 인해 주변 시야가 감소되면, 머리와 몸통을 더 크게 움직이게 되어 동적 평형성에 영향을 미칠 수 있음
- 깊이감 인지능력 감소에 따라 장애물을 안전하게 피하고 계단을 오르내리는 데 어려움을 느낌

- 색체 대비에 대한 민감도 감소는 물체를 보기 위해 더 많은 빛을 필요로 하게 하며, 어둠에 대한 순응력이 떨어져 저녁 시간대의 운전, 균형 및 장애물을 피하는 것이 더욱 어려워질 수 있음
- 청각기능 또한 노화로 인해 저하됨. 배경소음을 차단하고 소리를 선택적으로 듣는 능력이 떨어지며 낙상 위험성이 높아짐

④ **전정계의 변화**

평형모래(otoliths, 이석)와 반고리관의 감각수용체에서 구조적, 기능적 퇴화가 발생한다. 전정계의 기능은 머리 위치 및 머리 운동을 감지하는 것으로, 시각, 체성감각과 함께 균형 조절을 위한 감각 기능을 제공하는데, 노화로 인해 그 기능이 더욱 저하된다.

(4) 노화에 따른 기타 부위의 변화

① 관절 유연성 감소

• 관절 움직임 제한 및 근골격계 퇴화는 노화와 장기적인 신체 비활동에 따른 자연스러운 결과다. 노인에게 보편적으로 나타나는 관절 유연성 감소의 주된 원인은 관절 주위의 인대, 건, 관절낭, 근육, 근막 및 피부가 굳어지거나 짧아지면서 일어나는 관절구축(joint contracture)이다.

• 관절 가동성(joint mobility)은 30~70세 사이에 20~50%가 감소되는데, 이는 관절과 근육 손상 가능성을 증가시킨다. 근육과 관절의 기능이 떨어지면, 몸의 평형감각과 안정성 또한 떨어져 낙상 위험이 증가한다.

② 유리질 연골이 섬유연골로 전환되어 기능을 잃음

연골은 직접 혈액공급을 받지 않는 유일한 결합조직으로, 인접한 골격에서 활액의 형태로 연골모세포에 영양이 공급된다. 이런 영양소는 삼투압에 의해 활액과 함께 연골기질로 들어간다. 그러나 몸의 대사활동이 떨어져 압력이 줄어든 경우, 영양물질이 오히려 빠져나오게 되고 대사산물들이 연골기질에 정체돼 유리질 연골이 섬유연골로 바뀌어 기능을 잃게 된다.

③ 골밀도 저하

일반적으로 약 25세에 최대 골밀도를 갖게 된다. 이는 약
50세가 될 때까지 비슷한 수준으로 유지되다가, 그 이후 칼슘이
빠져나가며 골기질에 퇴화가 생겨난다. 여성의 경우 폐경 후
5년 동안 빠르게 진행된다. 노화에 따른 골밀도 저하는 체지방량
저하와 동반되는 경우가 많다. 골밀도 측정치가 동성의 성인
평균치보다 2.5 표준편차 아래일 경우, 골다공증으로 판명된다.
골다공증으로 인한 주된 문제는 그리 크지 않은 충격에도 척추,
골반, 손목에서 쉽게 골절이 생긴다는 데에 있다. 골반이
골절되면 독립적인 일상생활이 불가능해지며, 척추가 골절되면
키가 줄어들고 자세가 변해 흉추 후만 가능성이 증가한다.
복합골절의 경우 지속적인 통증을 호소한다.

보행변화
- 보행 높이 감소, 발과 바닥과의 간격 감소
- 폭이 좁은 오리걸음 패턴
- 더 짧은 보폭, 더 넓은 기저면
- 느린 움직임(정지/시작 보행 패턴)
- 질질 끄는 걸음걸이(뒤꿈치 닿기나 발끝 밀기가 없음)
- 발목의 배측굴곡 감소

자세 불안정
- 전후, 측면으로의 체간 동요 증가
- 감각수용기의 반응 감소
- 균형에 대한 혼란으로 주동근과 길항근의 동시 수축
- 근육 약화
- 전방으로 구부러진 자세로 인해 중력 중심이 발가락 앞쪽을 넘어서 생겨남

시력감소
- 눈에 들어가는 빛의 감소
- 백내장 및 노안
- 색 인지력 저하
- 밝고 어두운 환경에 적응하기 위한 시간 증가
- 눈부심 증가

청력 감소
- 고주파 소리 인지력 감소
- 자동차나 자전거 등의 접근 알아차리지 못함
- 쉽게 놀라는 일 많음

인지 변화
- 환경에 대한 혼동
- 주의력 장애
- 각성 수준 감소
- 판단력 저하

기립성 저혈압
- 기립자세에서 수축기 혈압이 20mmHg정도 떨어짐
- 압력수용기의 효율 감소

③ 노화에 따른 심리적 변화

① 우울증 경향과 소극적인 성향이 증가함

② 의존성이 높아지고 조심성이 많아짐

③ 과거 지향적인 성향을 갖게 되고 감정기복이 심해짐

④ 소외감과 고독감, 불안감이 증가하고 이해력이 낮아짐

　　➡ 보살핌, 존중, 도움을 받는 사회적 지지가 필요함

자기 효능감
일정 수준의 목표 달성을 위해 해야하는 행위를 조직하고 실행하는 데
스스로의 능력에 대한 믿음을 뜻하며, 가장 강력한 행동 수행의 매개

④ 노화의 사회적 특성

① 역할의 변화

② 권력, 권위, 보상 및 선택의 재량 상실

③ 타인에 대한 의존성 증가

④ 대인 관계 위축과 사회 참여도 감소

1 심혈관계 질환 운동 프로그램

(1) 관상 동맥성 심장질환

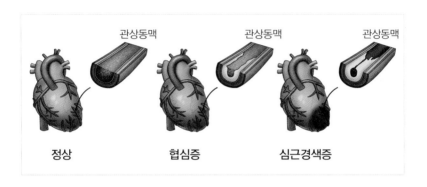

정상   협심증   심근경색증

1) 정의

관상동맥 중 하나 이상이 죽상경화증이나 혈관병변으로 인하여 좁아진 상태

① **협심증** : 핏덩어리(혈전) 등에 의해 심장에 피를 공급하는 관상동맥이 좁아지거나 동맥이 수축하면서 가슴에 통증이 생기는 경우. 안정형 협심증, 불안정형 협심증, 이형성 협심증이 있음

② **급성심근경색** : 심장 근육에 혈액을 공급하는 관상동맥이 여러 가지 원인에 의해 갑자기 막혀 심근에 괴사가 일어나는 질환

2) 발병률

80대 남녀 모두에서 60% 정도의 발병률이 나타남. 65세 이상 고령층의 1/4이 심장질환 증상을 보이며, 해당 연령층이 전체 급성 심근경색 발생의 2/3을 차지함

3) 증상

가슴통증, 현기증, 부정맥, 호흡곤란 등이 있음

4) 운동 프로그램

① **운동 형태** : 걷기, 자전거 타기 등 낮은 강도의 운동을 권장. 적절한 유산소성 트레이닝은 관상동맥성 심장질환이 있는 노인들에게 좋음

② **운동 시간** : 운동 지속 시간은 20~30분 정도

③ **운동 강도** : 최대 심박수의 50%를 목표 심박수로 하여 점진적으로 강도 증가

④ **운동 빈도** : 주 3회

5) 운동요법 금지대상

① 치료방침이 확립되지 않은 경우
② 운동요법에 의욕이 없는 경우
③ 중증 관상동맥 병변을 보유한 경우

(2) 고혈압

1) 정의

최고 혈압이나 최저 혈압의 평균치가 수축기 140mmHg, 이완기 90mmHg 보다 높은 것. 질병 요인이 있는 증후성 고혈압과 확실한 원인이 밝혀지지 않은 본태성으로 구분

1단계	수축기 혈압 140~159mmHg 혹은 이완기 혈압 90~99mmHg
2단계	수축기 혈압 160~179mmHg 혹은 이완기 혈압 100~109mmHg
3단계	수축기 혈압 180mmHg 이상 혹은 이완기 혈압 110mmHg 이상

2) 운동 프로그램

① 운동 형태

- 가벼운 걷기나, 매우 약한 저항 또는 저항이 없는 실내 자전거 타기 등을 권장
- 나트륨 섭취 제한, 체중조절, 유산소 운동을 권장
- 운동 프로그램이 혈압의 비정상적인 변동을 초래하지 않도록 주의가 필요함
- 운동 시 심박수를 상승에 관여하는 베타수용체를 차단하는 약물(베타차단제)을 복용하고 있는 경우, 심박수가 평소보다 낮게 측정될 수 있으므로, 운동 강도를 정하기 전 운동 자각도(RPE) 측정을 권장함

② 운동 시간

운동 지속 시간은 1회에 30~60분이 적당

③ 운동 강도

- 심폐 지구력 운동

$40\sim60\%$ VO_2 max

- 운동 자각도 Borg 지수 : 11(편하다)~13(약간 힘들다)
- 근력 운동

  - 부위의 최대 근력(1RM) 40~60%, 세트 당 8~12회

  - 낮은 강도에서 시작하는 것이 안전하며, 혈압을 낮춰준다는

    점에서 보면 고강도의 운동과 같은 효과를 얻을 수 있음

④ 운동 빈도

운동 횟수는 주 2~3회에서 점차적으로 늘릴 것을 권장함

3) 운동요법 금지대상

① 고혈압 중증자, 고혈압으로 중증의 합병증이 있는 경우, 순환기

장애가 있는 경우, 뇌졸중 및 심근경색 발생 초기, 심부전증,

중대한 부정맥 출현, 중증의 호흡기 질환이 있을 경우

② 중증의 정신장애와 운동장애로 인하여 운동지침을 따르기

곤란한 경우

(3) 지질 이상(이상지질혈증, 고지혈증)

1) 정의 및 특징

- 혈액의 응고에 변화를 일으켜 혈액 점도를 상승시키고, 혈관 염증에 의한 말초 순환 장애를 일으키는 상태로, 동맥에 죽상 경화를 발생시켜 뇌경색 또는 심근경색의 직접적인 원인이 됨.
- 고지혈증은 혈액 내 지질성분이 많아져 혈액의 점도가 높아진 상태를 의미하며, 이는 지방이 많아진 고중성지방혈증과 콜레스테롤 양이 많아진 고콜레스테롤 혈증을 포함한다.
- 이상 지질혈증은 중성지방과 콜레스테롤의 수치가 정상적이지 않은 경우를 의미한다. 단순히 수치가 높은 것만을 의미하지 않고 HDL(고밀도지단백) 콜레스테롤 수치가 낮은 경우도 포함하는 것이다. 이는 죽상동맥 경화증을 유발할 수 있으며, 뇌경색, 심근경색의 직접적인 원인이 될 수 있다.

2) 원인

유전적 요인, 환경적 요인(비만, 술, 당뇨병 등)

3) 수치

혈액 중 콜레스테롤 240mg/dL 이상, LDL 콜레스테롤 160mg/dL 이상, 중성 지방 200mg/dL 이상, 그리고 HDL 콜레스테롤 40mg/dL 이상인 경우 고지질 혈증으로 진단

4) 운동 프로그램

① 운동 형태

- 유산소 운동 : 걷기, 달리기, 수영, 자전거 등과 같이 비교적 큰 근육들을 사용하여 운동에너지 소비량을 증대시킬 수 있는 운동, 지속적으로 리드미컬한 형태의 운동
- 저항 운동

② 운동 시간

30~60분

③ 운동 강도

최대 산소 섭취량의 50~60%, 운동 자각도(RPE) 11~13 수준의 신체 활동

④ 운동 빈도

주 3~6회

(4) 뇌졸중

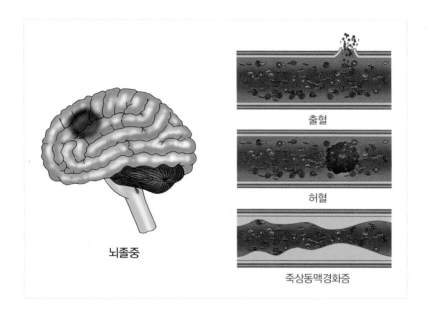

출혈

허혈

죽상동맥경화증

뇌졸중

1) 정의

뇌의 일부분에 혈액을 공급하는 혈관이 막히거나(뇌경색)
터짐(뇌출혈)으로써 그 부분의 뇌가 손상되어 나타나는 신경학적
증상

2) 분류

뇌졸중은 크게 허혈성 뇌졸중과 출혈성 뇌졸중으로 분류됨.
세부적으로, 허혈성 뇌졸중은 뇌혈전증, 뇌전색증, 열공성
뇌졸중, 일과성 뇌허혈발작으로 나뉘고 출혈성 뇌졸중은
뇌실질내출혈과 지주막하 출혈로 분류됨

3) 운동 프로그램

① 회복을 최대화하고, 일생동안 건강 상태와 기동성을 유지하고 개선시키는 데 운동의 목적을 두어야 함

② 지구력 운동, 저항력 훈련, 유연성 운동, 평형성 및 기동성 운동 등을 포함한 모든 종류의 활동이 동원되어야 함

③ 뇌졸중으로 인해 마비된 부위와 그렇지 않은 부위를 함께 운동하게 함

④ 상지는 어깨관절부터 팔꿈치, 손목, 손가락 순으로 운동하게 함

⑤ 하지는 허벅지, 무릎, 발 순으로 운동하게 함

❷ 호흡계 질환 운동 프로그램

(1) 천식

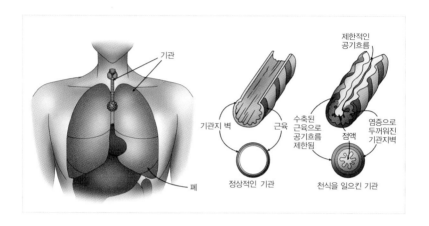

1) 정의

회복될 수 있는 기도 폐쇄, 기도의 염증, 다양한 자극에 대하여 기도의 반응성이 높아지는 호흡기 질병

2) 운동 프로그램

① 운동 형태

- 걷기, 실내 자전거, 등산, 에어로빅, 수영, 물속에서 걷기 등
- 물속에서 하는 운동은 기관지가 냉각되어 수축하거나 습도가 낮아 건조해질 염려가 없기 때문에 기관지 천식 환자에게 적절함

② 운동 시간

- 운동 지속 시간은 20~30분으로 짧게 실행
- 한 번에 계속해서 운동하지 말고 반드시 중간에 휴식을 취함
- 운동 유발성 천식 발작에 주의해야 함

③ 운동 강도

낮은 강도에서 시작하여 적응 정도에 따라 조금씩 강도 증가

④ 운동 빈도

운동 지속 시간이 짧기 때문에 매일 하는 것을 추천

3) 주의사항

천식환자의 경우 운동형태와 강도에 따라 운동 유발성 천식이
발생할 수 있음. 이에 운동 전 필요한 약물처방을 해야 하며,
응급상황을 대비하여 천식 흡입기(네블라이저 등)를 소지해야 함

(2) 만성 폐쇄성 폐질환(COPD)

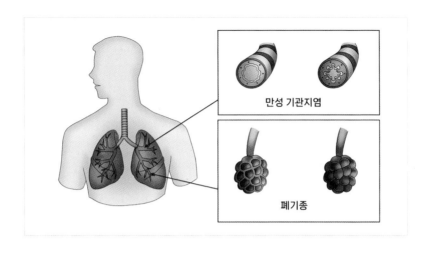

만성 기관지염

폐기종

1) 정의

호흡된 공기의 흐름에 만성적으로 폐쇄를 가져오는 폐질환

2) 증상

호흡기 근육의 약화로 호흡기 근육 기능 장애, 숨쉬기가 더 힘든 증상, 극심한 팽창에 따른 호기근의 비효율적인 활동 포함

3) 사망률

65~74세 사이의 연령대에서 남자가 여자보다 두 배 이상, 75~84세 사이의 연령대에서는 세 배 이상 높음

4) 운동 프로그램

① 호흡의 효율을 개선시키고 운동 지구력을 키우는 것에 초점

② 호흡근 강화를 목적으로 하는 유산소 운동과 근력 강화를 위한 저항성 운동

③ 노인을 위한 운동 프로그램은 산소 소비량에 큰 변화가 없는 유산소성 지구력 운동을 통해 흥미를 유발함

❸ 근골격계 질환 운동 프로그램

(1) 골다공증

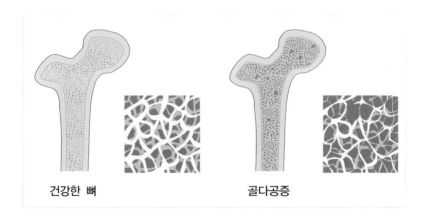

건강한 뼈　　　　　　골다공증

1) 정의

낮은 골밀도와 뼈 조직의 미세 구조 변화에 따라 나타나는
골격계 질환

2) 원인

유전적 요인, 폐경, 약물, 뼈 조직에 대한 부하량 감소 등

3) 발병률

60세 이상 여성의 1/4이 골다공증을 앓고 있으며, 자궁
절제술을 받은 적이 있는 여성의 경우 발병률이 50%로 높아짐

4) 운동 프로그램

① 운동 형태

- 체중 부하 운동이나 균형감을 증진시키는 운동 권장
- 걷기나 등산과 같은 유산소성 운동과 저항성 근력 운동 병행(단기간 동안 다양한 근육군을 사용하는 운동하면 좋음)
- 수영, 수중 운동, 자전거 타기 등은 체중이 부하로 작용하지 않기 때문에 뼈에 무리를 주지 않으면서 근육을 키울 수 있음

② 운동 시간

운동 지속 시간은 30분 이상

③ 운동 강도

- 유산소 운동 : 최대 산소 섭취량의 60~80%
- 근력 운동 : 최대 근력의 60~80%에서 시작하여 점차적으로 늘림

④ 운동 빈도

- 유산소 운동 : 주 3~5회
- 근력 운동 : 주 3회가 적당

5) 골다공증 환자의 운동 시 주의사항

① 운동에 따르는 위험성 여부를 확인함

② 준비 운동과 마무리 운동을 실시함

③ 척주 골절 환자는 신전 근육이 약화되어 있으므로 가벼운 중량으로 운동을 실시함

④ 심한 골다공증의 노인의 경우 체중 부하 운동 대신 수영, 걷기, 아쿠아로빅을 시행함

⑤ 운동 시 낙상에 주의

⑥ 주위 환경이 잘 정리되어 있는지 확인함

⑦ 1주에 2~3회 정도 평형성 향상을 위한 운동을 권장함

⑧ 같은 근육군을 반복적으로 사용하는 운동은 어려움이 있음

⑨ 골다공증이 심한 노인에게는 최대 근력 검사를 권장하지 않음

KRIEE's PICK 낙상위험 노인 운동방법

- 낙상을 방지를 위해 저항운동(근력운동)과 유연성 운동을 병행해야 함
- 사회적 지원, 자기효능과 같은 행동전략을 활용함
- 발끝서기와 같은 자세유지 근육운동을 권장함
- 신경근 운동과 함께 평형성 운동을 권장함
- 저강도 운동 위주로 진행해야 함

(2) 관절염

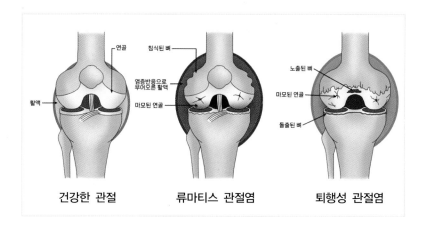

| 건강한 관절 | 류마티스 관절염 | 퇴행성 관절염 |

1) 분류

골관절염(퇴행성관절염)과 류마티스성 관절염으로 구분

① 골관절염
- 가동 관절에 있는 뼈 바깥 부분의 연골 조직이 얇아짐
- 통증, 조조강직, 환부의 가동 범위 축소 등의 증상 발생

② 류마티스성 관절염
- 연령과 성별에 상관없이 발생하는 자가면역성 질환. 그러나 여성에게 흔하게 발생
- 환부에 만성적인 염증, 통증, 조조강직, 환부가 붓는 등의 증상 발생

2) 운동 프로그램

① 운동 형태

- 가벼운 유산소 운동과 근력 운동을 권장
- 수영 및 자전거 타기 등을 이용한 운동치료 및 물리 치료를 병행
- 수중 운동을 할 때의 수온은 29~32℃가 적정

② 운동 시간

- 운동을 한 후 쉬었다가 다시 운동하는 인터벌 트레이닝 방법 권장

③ 운동 강도

- 유산소 운동 : 여유 심박수의 40~60%
- 근력 운동 : 1RM의 40~60%

④ 운동 빈도

- 주 3회 이상이 적당, 총 운동 시간은 주당 150분 정도가 적정

3) 관절염 환자의 운동 시 주의 사항

① 운동 중이나 직후에 통증을 유발하는 운동은 하지 않음
② 통증이 있는 관절 주위 근육을 운동시키는 방법을 모색
③ 저항 운동을 하되 특정한 관절에 통증을 유발하는 운동은 등척성 근력 운동으로 대체
④ 불편함을 느끼기 시작하는 강도보다 낮은 강도의 운동을 유지
⑤ 특정 관절에 부담을 줄이기 위해 전신 운동을 선정(사지 모두를 동시에 사용하도록 하는 운동프로그램 적용)
⑥ 충격과 체중을 적게 받는 운동 추천

4 신경계 질환 운동 프로그램

(1) 파킨슨병

1) 정의

도파민의 감소로 인한 운동완만증(bradypragia), 근육 경직, 휴식 시 진전, 자세 불안정, 균형 감각 장애

2) 징후

보폭이 점점 빨라지는 걸음걸이 형태 등

3) 운동 프로그램

① 눕고, 앉고, 서고, 걷는 동안 다양한 범위의 동작을 활용하여 실시되는 느리고 절도 있는 운동
② 트레드밀보다 실내 자전거 타기, 뒤로 기대어 실시하는 스테퍼 운동, 또는 암 사이클 운동처럼 앉은 자세에서 수행하는 유산소 운동이 안전한 형태

(2) 알츠하이머성 치매(Alzheimer's disease)

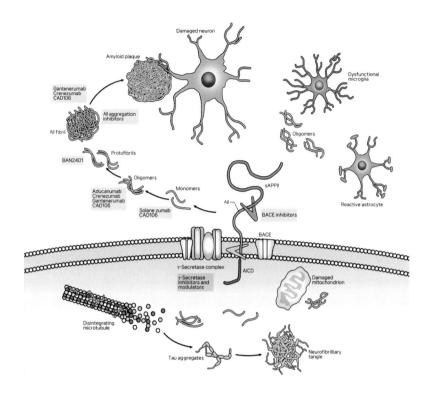

1) 정의

신경 장애로서 정신적인 기능을 약화시키며, 노인 치매를
유발하는 가장 흔한 요인

2) 증상

기억력, 일상적인 일 수행, 시간 및 공간을 판단하는 일,
언어와 의사소통 기술, 추상적 사고 능력에 회복 불가능한
감퇴가 나타나고, 성격이 바뀌며, 판단력이 흐려짐

3) 운동 프로그램

① 운동 형태

걷기, 조깅, 자전거 타기, 수영 등과 같은 유산소 운동

② 운동 시간

운동 지속 시간은 30분 이상

③ 운동 강도

옆 사람과 이야기하면서 운동할 수 있을 정도로 '약간 가볍다' 수준이면 충분

④ 운동 빈도

주 4회 이상

4) 알츠하이머 치매 환자의 운동 시 주요 사항

① 신체 및 정신 건강이 쇠퇴하며 생기는 문제에 대한 대처가 필요함
② 운동 프로그램이나 운동 환경에 쉽게 흥분할 수 있다는 사실을 인식해야 함
③ 병이 진행됨에 따라 보호자가 환자를 운동 프로그램에 참여시키지 않고 싶어 하는 부분에 대처해야 함
④ 꾸준함과 인내심을 가지고 운동 프로그램에 대한 흥미를 유지할 수 있도록 용기를 주어야 함
⑤ 지도자나 보호자를 동반하여 운동 실시
⑥ 복잡하고 새로운 운동보다는 단순하고 반복적인 운동 실시

⑦ 중증 치매 노인의 경우 그룹 운동보다 개별 운동으로 진행하는 것이 더 효과적

⑧ 규칙적이고 적당한 유산소성 운동은 치매 예방 및 퇴행속도 감소에 도움이 됨

⑨ 적절한 영양 섭취가 병행되어야 함

5 당뇨병 운동 프로그램

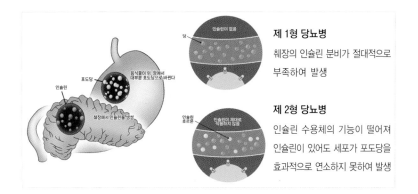

제 1형 당뇨병

췌장의 인슐린 분비가 절대적으로 부족하여 발생

제 2형 당뇨병

인슐린 수용체의 기능이 떨어져 인슐린이 있어도 세포가 포도당을 효과적으로 연소하지 못하여 발생

1) 정의

인슐린의 분비량이 부족하거나 정상적인 기능이 이루어지지 않는 대사질환의 일종으로, 혈중 포도당 농도가 높은 것이 특징

2) 발병률

노인들에게 흔한 질병으로 전체 II형 당뇨병 인구의 약 50%가 65세 이상

3) 원인

* I형 당뇨병 : 인슐린을 생성하는 췌장 세포의 파괴
* II형 당뇨형 : 주로 인슐린 분비장애와 인슐린 저항성에 의해 발생

당뇨병의 진단

다음과 같은 증상이 나타나면 당뇨병으로 진단함
- 공복 시 혈당이 126mg/dL 이상(정상은 110mg/dL 미만)
- 당화혈색소 6.5% 이상인 경우
- 당뇨병의 전형적인 증상인 다음(물을 자주 많이 마심), 다뇨(소변을 자주 봄), 다식(음식을 많이 먹음), 체중 감소(몸무게가 준다)의 경우
- 경구 포도당 부하 검사에서 포도당 75mg을 섭취한지 2시간이 지났을 때, 혈당이 200mg/dL 이상(공복 상태에서 혈당 검사를 한 다음 포도당을 먹고 30분 간격으로 혈당 검사를 4~6회 실시)인 경우
- 무작위 혈당 200mg/dL 이상

4) 운동 프로그램

① 운동 형태

걷기, 조깅, 자전거 타기, 수영, 계단 오르기, 등산 등(대근육 위주)

② 운동 시간

- 식사 30~60분 후에 운동 시작
- 20~60분 동안 운동 지속

③ 운동 강도

- 유산소 운동 : 저강도~낮은 고강도, 최대 산소 섭취량의 40~60%, 여유 심박수의 30~50%
- 근력 운동 : 1RM의 30~50%가 적당
- 유산소와 저항운동(근력운동)을 병행, 저강도에서 중강도로 점차 운동강도 향상

④ 운동 빈도 : 주 3회 이상이 적당함

5) 당뇨병 환자의 운동 시 주의사항

① 운동 전 반드시 혈당 검사 필요

② 혈당 100mg/dL 이하일 경우 간단한 음식 섭취 후 운동 진행

③ 혈당이 100~250mg/dL이면 안전하게 운동 가능

④ 혈당이 250mg/dL 이상이면 운동을 연기하고 케톤뇨검사 실시

⑤ 케톤이 검출되면 인슐린을 투여하여 혈당을 250mg/dL 이하로 내린 후 운동 실시

⑥ 운동은 식사 1~3시간 이후 실시하고, 장시간 운동 시 30분마다 당분 섭취

⑦ 운동 중 관절이나 근육의 손상에 주의하고 운동화는 발에 잘 맞는 것으로 선택

⑧ 합병증 발생에 주의해야 함

⑨ 섭취 식품과 투여 인슐린의 적절한 균형을 유지하는 것이 중요

6 비만 운동 프로그램

1) 정의

비만은 체내에 과다하게 많은 양의 체지방이 쌓인 상태(단순히 체중이 많이 나가는 것이 아님). 인체 에너지의 공급과 소비에 불균형이 생겨 체내 지방량이 비정상적으로 증가하는 질환. 체질량지수(BMI) = 체중(kg)을 키의 제곱(m²)으로 나눈 값이며, 국제적으로 BMI 값이 25 이상이면 비만이라고 한다.

2) 원인

유전적 요인, 환경적 요인(잘못된 식습관, 운동 부족, 스트레스)

3) 운동 프로그램

① 운동 형태

유산소성 운동(걷기, 달리기, 등산, 계단 오르기 등)과 근력운동을 병행, 체중 부하 운동보다는 비체중 부하 운동(수영, 자전거)을 권장

② 운동 시간

운동 지속 시간은 30~60분 정도

③ 운동 강도

- 운동 강도 설정 시 최대 심박수(HRmax) 보다는 운동 자각도('전혀 힘들지 않다' 6점 ~ '최고로 힘들다' 20점까지의 수치로 측정)를 기준으로 하기를 권장
- 낮은 강도 운동으로 시작하여 점차적으로 강도를 높임

④ 운동 빈도

주 3~5회

4) 비만 환자에게 규칙적인 운동의 효과

① 생리적 효과

에너지 소비량의 증가, 근육량의 유지 또는 증가, 체지방의 감소, 기능적인 능력의 개선, 인슐린에 대한 조직 감수성 증가, 안정 시 및 운동 시의 심박 수 저하, 심장 부담의 감소, 신경근 협응의 개선 등

② 심리적 효과

지각의 향상, 자신감의 증대, 자기 만족감의 증가, 사고성의 향상, 미래에 대한 기대감 등

CHAPTER 02

노인 운동 프로그램 설계

I 운동 프로그램 설계의 기본 원리

1 노인 운동 프로그램 설계 기본원리

(1) 특이성의 원리

운동에 따른 신체의 생리적 · 대사적 반응과 적응은 사용된 근육군에만 특이적으로 나타난다는 것을 의미함

(2) 과부하의 원리

① 체력요소의 향상을 촉진하기 위해서는 신체의 생리적 시스템을 평상시보다 더 큰 부하로 자극해야 함

② 유산소/무산소성 운동의 빈도, 횟수, 강도 또는 지속시간을 증가시켜 과부하를 만들 수 있음

(3) 점진성의 원리

체력요소 향상을 위해 운동량을 점진적으로 증가시켜야 함

(4) 개별성의 원리

① 운동에 대한 자극은 개개인별로 다양하며, 연령, 기초 체력 수준, 건강상태 등의 요인에 영향을 받음
② 노인의 요구, 흥미, 능력을 고려하여 개별적인 운동 프로그램을 설계해야 함

(5) 특수성의 원리

스포츠 종목 및 개인의 특성에 맞는 프로그램을 설계하여 더 큰 자극점에 효과적으로 도달하기 위한 트레이닝 원리

(6) 가역성의 원리

운동이 중단되거나 과부하가 발생하지 않을 경우 운동 능력이 빠르게 감소하는 원리

① 노인 운동 프로그램 구성요소

(1) 운동 형태

신체 조성, 뼈의 건강, 신경근 기능, 스트레스 수준 등을 개선하기 위해 최소 두 가지 이상의 트레이닝 형태를 활용하도록 권장함. 유산소 운동과 체중을 힘으로 지지해야 하는 저항 운동은 모두 뼈의 건강에 도움이 됨

① **유산소 운동**(심폐지구력 운동)
- 운동 형태 : 걷기, 달리기, 자전거, 수영, 에어로빅 등
- 운동 강도 : 목표 심박수의 50%(저강도), 60%(중간강도), 70%(고강도)
- 운동 시간 : 20~30분(이후 점진적으로 증가)
- 운동 빈도 : 1주 2~3회(이후 점진적으로 증가)
- 운동 효과 : 심혈관계 질환의 위험률 감소

② **저항성 운동**(근력 운동)
- 운동 형태 : 근력, 근지구력, 근육량 발달을 위한 저항 운동
  - 등장성 : 일정한 강도의 부하를 주는 상태에서 관절을 움직이는 운동

- 등척성 : 고정된 관절 각도에서 근육이 수축하는 운동. 근육의 길이에 변화가 없으며 근력과 근지구력 증가

- 등속성 : 근육 수축 동안 움직임의 스피드를 조절하는 기구 활용

- 운동 강도 : 1RM(40~50%), 운동 자각도(RPE) 12~13, 8~12회 반복(3세트)

- 운동 시간 : 20~30분(이후 점진적으로 증가)

- 운동 빈도 : 1주 2~3회(이후 점진적으로 증가)

- 운동 효과 : 근육 및 뼈 강화를 통한 일상생활 수행능력 향상

③ 유연성 운동

- 운동 형태 : 동적 스트레칭 혹은 정적 스트레칭

  - 정적 스트레칭 : 추가적 움직임이 근육 제체에 의해 제한되는 시점까지 스트레칭

  - 고유수용성 신경근 촉진법(PNF) : 수축과 신장을 번갈아 적용하는 방법

  - 탄성 스트레칭 : 탄력을 이용한 방법(노인에게 있어 부상의 위험성 있음. 작용근을 반복적으로 수축하면 대항근이 짧은 시간동안 늘어나기 때문)

- 운동 강도 : 운동 자각도(RPE) 12~13, 8~12회(1세트)

- 운동 시간 : 30~60초

- 운동 빈도 : 1주 2~3회(이후 점진적으로 증가)

- 운동 효과 : 신체활동 시 기능적 제한 예방

④ 평형성 운동

- 운동 형태 : 일렬자세, 반일렬자세, 옆으로 걷기, 발꿈치로 걷기, 발끝으로 걷기, 앉았다 일어서기 등

- 운동 강도 : 평형성 운동의 강도에 관한 세부 지침은 없음

- 운동 시간 : 하루 20~30분, 주 60분 이상

- 운동 빈도 : 1주 2~3회(이후 점진적으로 증가)

- 운동 효과 : 신체 각 부위가 조화를 이루며 원활하게 움직일 수 있는 능력 향상

KRIEE's PICK 낙상을 일으키는 주요 위험 요인

발목 가동성이 감소하여 신체 균형이 무너진 노인의 경우, 자신의 의지와 관계없이 갑자기 넘어져서 뼈와 근육 등 근골격계에 부상이 생길 수 있다.

낙상을 특히 주의해야 하는 경우는 다음과 같다.
- 보행 운동 장애가 동반된 질환을 앓고 있는 사람
- 기립성 저혈압이 있는 사람
- 4가지 이상의 약물을 복용하고 있는 사람
- 발에 이상이 있거나 발에 맞지 않는 신발을 착용하는 사람(발목 가동성 감소한 사람)
- 시력이 좋지 않은 사람
- 집안이 어지럽거나 전등이 희미한 경우
- 몸에 맞지 않는 보조기구(지팡이나 목발 등)를 사용하는 경우

(2) 운동 강도

운동 강도는 운동하는 동안 인체에서 특정한 생리적 · 대사적 변화가 나타날 수 있게 설정해야 함. 또한 프로그램의 목표, 연령, 능력, 선호도를 고려하여 심폐계와 근골격계를 자극할 정도로 설정해야 함

① **심박수를 이용하는 방법**

- 최대심박수(HRmax)를 기준
  - 최대 심박수＝220－나이
  - 목표 심박수 : (220－연령)×운동 강도(%)
  - 최대 심박수의 50~60% 강도가 적절하고, 점진적으로 70% 수준까지 증가시킬 수 있음
- 카르보넨(Karvonen) 공식 활용
  - 목표 심박수＝(최대 심박수－안정 시 심박수)×운동 강도(%)＋안정 시 심박수
  - 목표산소소비량＝(최대 강도의 백분율)×(최대산소소비량－안정 시 산소소비량＋안정 시 산소 소비량)
  - 안정 시 심박수＝(10초 동안 측정한 심박수)×6
    - 예 안정 시 심박수가 60인 80세 노인이 50% 강도로 운동할 경우 목표 심박수 :
    - {(220－80)－60}×0.5＋60＝100회/분

② 운동 자각도(RPE)를 이용해서 정하는 방법

- 운동 자각도(RPE)는 심리학자 보그(Borg)가 개발한 지수(scale)
- 운동 당사자가 힘든 운동이라고 느끼는지 물어보며 운동 강도를 정하는 방법

KRIEE's PICK 보그의 운동 자각도 지수

보그 스케일(Borg Scale)은 운동자각도(RPE) 6~20지수와 0~10지수가 있음

RPE 지수	심박수	호흡	강도	심장박동 (%)	운동 타입
6	40~69	의식하지 못한다.	1	50~60	준비 운동
7	40~69	아주 가볍다.	1	50~60	준비 운동
8	80	아주 가볍다.	1	50~60	준비 운동
9	80	아주 가볍다.	1	50~60	준비 운동
10	80~100	숨이 깊어지지만, 여전히 편안하게 대화를 할 수 있는 정도이다.	2	60~70	가벼운 근력 회복 운동
11	80~100	숨이 깊어지지만, 여전히 편안하게 대화를 할 수 있는 정도이다.	2	60~70	가벼운 근력 회복 운동
12	100~129	숨이 깊어지지만, 여전히 편안하게 대화를 할 수 있는 정도이다.	2	60~70	가벼운 근력 회복 운동
13	100~129	대화를 이어가기엔 숨쉬기가 다소 힘들어지는 것이 느껴진다.	3	70~80	유산소 운동
14	130~139	대화를 이어가기엔 숨쉬기가 다소 힘들어지는 것이 느껴진다.	3	70~80	유산소 운동
15	140~149	숨쉬기가 힘들어지기 시작한다.	4	80~90	무산소 운동
16	150~159	숨쉬기가 힘들어지기 시작한다.	4	80~90	무산소 운동
17	160~169	숨이 거칠어지고 불편하다.	5	80~90	최대 산소 섭취가 필요한 운동
18	170~179	이야기하기 어렵다.			
19	180~189	극도로 힘이 든다.			
20	190 이상	최대치의 노력이 필요하다.			

RPE 지수	강도	RPE 지수	강도
0	휴식	5	힘듦
1	아주 쉬움	6	
2	쉬움	7	아주 힘듦
3	적당함	8	
4	어느 정도 힘듦	9	
		10	최고로 힘듦

③ **MET**(Metabolic Equivalent Task)와 **RM**(Repetition Maximum)

- MET : 휴식하고 있을 때 필요한 에너지나 몸에서 필요로 하는 산소의 양. 운동의 강도를 측정할 때 사용하기 편리하며, 절대적 운동강도로도 정의.

- 저강도(1.1~2.9METs), 중강도(3.0~5.9METs), 고강도(6.0METs)

- 1MET : 휴식 상태에서 체중 1kg 당 1분 동안 사용할 수 있는 산소량(1MET=3.5ml/min/kg)

- 1RM : 1회에 들어 올릴 수 있는 최대 중량(처음 운동 시작시 1RM 40~50%, 세트당 8~12회가 적절)

- 칼로리 계산법 : MET×체중(kg)×운동시간(분)/60

(3) 운동 시간

① 운동 지속 시간과 운동 강도는 역의 상관관계임
② 적절한 강도의 신체 활동은 1주에 150분, 높은 강도의 신체 활동은 1주에 75분이 적당
③ 유산소 운동은 한 번에 적어도 10분 이상 지속해야 하며, 저항 운동은 2~3세트가 적당

(4) 운동 빈도

① 유산소 운동은 1주에 3~5회 실시함
② 근력 운동은 1주에 3회 정도 실시함(다음 근력 운동까지 48시간의 휴식)
③ 낙상 예방을 위해 평형성 운동은 1주에 2~3회 실시함
④ 유연성 운동은 동작마다 10~30초 동안 자세를 유지하고 3~4회 반복함

② 목표의 설정

SMART

Specific(구체적인), Measurable(측정 가능한), Attainable(이룰 수 있는, 현실성), Relevant(적절한), Time based(시간에 근거한)

① **측정 가능성** : 목표 달성의 판단이 가능하도록 설정
② **구체성** : 운동 형태, 시간, 강도, 빈도 등을 구체적으로 설정
③ **현실성** : 개인이 달성할 수 있는 수준의 현실적 목표 설정
④ **행동성** : 직접 실행에 옮길 수 있는 수준으로 행동 지향적 목표 설정

리클리와 존스(Rikli & Jones)의 고령자를 위한 기능 체력 검사(SFT)의 검사 항목

노인 체력 검사(Senior Fitness Test : SFT)는 기능적 활동 능력의 기초적인 신체 매개 변수를 측정할 뿐 아니라 일상생활 속 기능상의 과제(보행, 손 뻗기, 의자에서 일어서기, 계단 오르기 등)의 실행을 평가하기 위해 개발되었다.

- 신체 질량 지수 및 비만도 평가(신체조성)
- 30초 동안 앉았다 일어서기(하지 근지구력)
- 2분 제자리 걷기(심폐지구력)
- 등 뒤로 손잡기(상체 유연성)
- 신체 질량 지수(근육량)
- 30초 덤벨 횟수(상지 근지구력)
- 의자에 앉아 체전굴(하체 유연성)
- 2.44m 왕복 걷기(민첩성)
- 눈감고 외발 서기(평형성) 등

[30초 간 의자에서 앉았다 일어서기]

- 목적 : 계단 오르기, 걷기, 의자에서 일어나서 욕조 또는 차에서 나오기와 같은 과제를 하는데 필요한 하체의 근력 평가
- 내용 : 양팔을 가슴 앞에 모은 상태로 30초간 의자에 앉아 있다 완전히 일어선 횟수
- 위험수위 : 남녀 모두 도움을 받지 않고 8회 이상 일어나지 못하는 경우

[덤벨들기]

- 목적 : 집안일과 식료품 서류 가방같은 물건을 들고 나르는 것과 손자를 안아 올리는 것과 관련된 활동에 필요한 상체 근력 평가
- 내용 : 2.27kg의 덤벨을 들고 30초 동안 이두근 굽히기를 하는 횟수
- 위험수위 : 남녀 모두 정확한 자세로 11회 이상 실시하지 못하는 경우

[6분간 걷기]

45.7m

→   →

←   ←

- 목적 : 걷기, 계단 오르기, 쇼핑, 관광과 같은 과제 수행 시 필요한 지구력 평가
- 내용 : 6분 동안 걸을 수 있는 거리(m)의 수, 6분 내 45.7m 코스를 완보한 횟수
- 위험수위 : 남녀 모두 320m 미만인 경우 또는 남녀 모두 7회 미만인 경우

[2분 제자리걷기]

- 목적 : 공간제약 및 날씨 등의 이유로 6분간 걷기 테스트를 실시할 수 없을 때 대안으로 사용하는 유산소 지구력 평가
- 내용 : 2분간 오른쪽 왼쪽 무릎을 슬개골과 무릎(장릉 중간지점 이상) 높이까지 올리면서 실시한 완전한 스텝의 횟수
- 위험수위 : 남녀 모두 65스텝 미만인 경우

[의자에 앉아 손 뻗기]

- 목적 : 바른자세. 정상적인 보행 패턴. 욕조나 차에 드나들기 같은 다양한 운동성 과제에 있어 중요한 하체 유연성 평가
- 내용 : 의자 앞쪽에 앉아 다리를 쭉 펴고, 양손을 발끝방향으로 뻗었을 때 중지와 발끝 사이의 거리(cm)을 측정
- 위험수위 : – 남자 : (–) 10cm 이상   – 여자 : (–) 5cm 이상

[등뒤에서 양손잡기]

- 목적 : 머리 빗기, 머리 위로 옷 입기. 손을 뻗어 좌석벨트 매기와 같은 과제에서 중요한 상체(어깨) 유연성 평가
- 내용 : 한 손은 어깨 위로 가져가고 다른 손은 등의 가운데로 뻗었을 때 두 손의 중지 사이 거리(cm)를 측정
- 위험수위 : – 남자 : (–) 20cm 이상   – 여자 : (–) 10cm 이상

[2.44m 왕복걷기]

- 목적 : 버스 좌석에서 일어나 정거장에서 내리기. 일어서서 부엌일하기,
  일어서서 화장실 가기. 전화 받기와 같이 빠르게 움직이는 동작에서
  중요한 민첩성과 동적 균형 평가
- 내용 : 앉은 자세에서 일어나 2.44m를 걸은 후 제자리로 돌아가 앉는데
  걸리는 시간(초)을 측정
- 위험수위 : 9초 이상

간편신체기능검사(Short Physical Performance Battery)

1987년 미국 국립보건원에서 개발된 검사로 신체기능, 노쇠정도, 근감소증 여부, 낙상 위험도 평가 및 미래 건강 위험도 예측에 사용된다.

근감소증 여부, 낙상 위험도를 평가하며, 미래에 발생할 수 있는 건강 위험도를 예측하는 방법입니다. '3가지 자세에서의 정적 균형검사, 보행속도 검사, 의자에서 일어나기 5회'라는 세 가지 검사를 종합하여 평가합니다.

- 정적 균형검사 : 일반자세, 반일렬 자세, 일렬 자세로 평가합니다. 각각 자세에서 10초씩 균형을 유지할 수 있는지 검사합니다. 총점은 4점으로 일반 자세와 반일렬자세를 완수하면 각 1점씩, 가장 난이도가 높은 일렬자세를 성공적으로 수행하면 2점, 3초 이상 수행할 경우 1점을 부여합니다. 3점 이하의 점수의 경우 균형감각이 다소 저하되었음을 의미합니다.

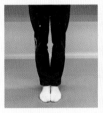

- 보행속도 검사 : 보행속도는 순발력, 인지기능, 하지근력과 관련이 있으며 노쇠의 발생정도를 예측할 수 있는 주된 지표입니다. 마찬가지로 4점 만점으로 4미터 보행에 4.8초 이하 시간이 소요되면 4점, 4.8에서 6.2초 사이인 경우 3점, 6.2에서 8.7초가 소요될 경우 2점, 8.7초 이상 걸릴 경우 1점을 부여합니다. 3점 이하의 경우 0.8m/s 이하에 해당하며, 신체 노쇠가 동반되어 있을 가능성이 있다고 판단합니다.

• 의자에서 일어나기 검사 : 팔의 힘을 사용하지 않고 다리의 힘만으로 의자에서 5회 일어나는데 걸리는 시간을 측정합니다. 총 소요 시간이 11.2초 미만인 경우 4점, 11.2~13.7초가 소요될 경우 3점, 13.7~16.7초가 소요될 경우 2점, 16.7초 이상의 경우 1점을 부여합니다. 3점 이하의 경우 노화, 질병 등에 의하여 근력과 근육량이 감소되는 근감소증이 동반되었을 가능성이 있다고 판단합니다.

• 종합점수 : 3가지 검사의 합산 점수가 9점 이하인 경우 낙상이나 근감소증, 노쇠 가능성에 대한 주의가 필요합니다. 3점 이하의 경우 이미 상당 수준 신체 노쇠가 진행되었기에 운동 및 영양에 주의를 기울이고 만성질환을 예방하기 위해 신체기능이 더 저하되는 것을 막아야 합니다.

KRIEE's PICK ACSM(2018)에서 제시한 노인 대상 운동검사

- 운동능력 : 운동능력이 낮다고 예상되는 노인의 경우 초기부하가 낮아야 하고(3METs 이하), 부하 증가량도 작은(0.5~1.0METs) 노턴 트레드밀 사용
- 자전거 에르고미터 활용 : 평형성, 신경근 협응력 저조, 시력 손상, 보행실조, 체중부하 제한, 발의 문제가 있는 노인(트레드밀검사보다 더 적합)
- 트레드밀 활용 : 평형성과 근력이 낮거나 신경근 협응력이 저조한 경우 트레드밀의 양측 손잡이를 잡고 검사 실시, 트레드밀 부하는 속도보다는 경사도를 증가시킴
- 최대운동검사 : 예측된 최대심박수(HRmax)를 초과하는 검사이기에 사전에 검사 종료 기준을 신중히 설정해야 함
- 약물처치 : 심전도 및 혈역학적 반응에 영향을 미칠 수 있음을 감안

③ 노인 운동 프로그램 권장 지침

(1) 운동의 필요성

규칙적인 신체 활동과 운동은 노인의 기능상의 능력과 건강을 향상시키고, 독립성 및 삶의 질을 높일 수 있다.

(2) 지침 내용

① 관절 가동 범위 향상을 위해 걷기, 유산소 운동, 스트레칭을 운동 프로그램에 포함시킴
② 중간 강도의 운동을 매일 최소 30분 동안 지속하길 권고함
③ 유연성을 유지하고 평형성과 민첩성을 향상시키기 위해, 균형 잡힌 스트레칭 프로그램을 1주일에 최소 2~3일 정도 하는 것을 강조함

KRIEE's PICK 세계보건기구의 65세 이상 노인 신체 활동 권장 지침

세계보건기구(WHO)가 제시한 65세 이상 노인의 신체 활동 권장 지침

65세 이상의 노인에게 신체 활동은 여가시간을 활용한 운동, 걷기나 자전거 타기처럼 이동하는 활동. (아직도 일을 하는 경우) 직장일, 집안일, 놀이, 게임, 스포츠, 계획된 운동 등이다.

심폐체력 및 근력. 뼈와 기능성 건강을 개선하고, 비감염성 질환, 우울증 및 인지 저하 위험을 감소시키기 위하여 다음과 같이 권장된다.

① 65세 이상의 노인은 주당 150분 이상의 중강도 유산소 운동 혹은 주당 75분 이상의 고강도 유산소 운동을 하거나, 이에 상응하는 정도로 두 가지 강도의 운동을 혼합하여 진행한다.

② 유산소 활동은 적어도 10분 이상 지속하여 실시한다.

③ 건강상의 이익을 더하기 위해서, 성인의 경우 중등도 유산소 활동을 일주일에 300분, 격렬한 활동을 일주일에 150분으로 늘리거나, 혹은 동등량의 중등도 내지 격렬한 활동을 섞어서 해야 한다.

④ 거동이 불편한 연령대의 노인은 균형 감각을 키우고 낙상을 방지할 수 있는 신체 활동을 1주일에 3일 이상 해야 한다.

⑤ 주요 근육의 움직임을 포함한 근육 강화 활동은 일주일에 2일 이상 해야 한다.

⑥ 건강 상태로 인해 권장량만큼의 신체 활동을 할 수 없는 경우, 스스로의 컨디션에 맞춘 신체 활동을 실시해야 한다.

미국스포츠의학회의 신체 활동 권고 지침

미국스포츠의학회(ACSM, American College of Sports Medicine)에서 제시한 노인의 신체 활동 권고 지침은 다음과 같다.

[심폐 지구력 운동]

- 빈도 : 주당 운동 시간을 합산하여 150~300분 정도 실행, 고강도 운동일 경우 주당 75~150분정도
- 강도 : 운동 자각도(0~10)에 따라 중강도는 눈금 5~6사이이며 고강도는 눈금 7~8 사이
- 시간 : 10분 이상의 운동을 중강도 활동일 경우 최소 30분(10분×3회, 3분할), 고강도 활동일 경우 최소 20분 진행할 수 있도록 반복한다.
- 종류 : 걷기가 가장 일반적인 활동, 체중 부하로부터 자유롭지 못한 노인의 경우 수중 운동이나 자전거 타기

[근력 운동]

- 빈도 : 근육 부위를 분할하여 48시간의 간격을 두고 주 2~3회 실시
- 강도 : 운동 자각도(0~10)에 따라 중강도 눈금 5~6사이 또는 고강도 눈금 7~8사이로 8~12회 실시
- 시간 : 한 세트에 8~12회로 2~3세트를 목표로 하고 점차 세트를 증가시킴
- 종류 : 덤벨이나 기구, 탄력 밴드나 튜브를 이용한 점진적 웨이트 리프트 트레이닝

[평형성 운동]

- 빈도 : 주 2~3회 또는 개인의 체력 및 요구에 따라 실시
- 강도 : 평형성 운동의 강도에 관한 세부적 지침은 없음
- 종류 : 지면에 지지한 부분을 점차 줄여나갈 수 있는 동작, '중력 중심 동요'를 만드는 역동적 동작
- 주의사항 : 스스로에게 적합한 운동수준을 파악하는 동시에, 낮은 난이도에서의 도전이 숙달되지 않았을 경우 높은 수준의 균형 운동을 실시하지 않도록 주의

[유연성 운동]

- 빈도 : 주 2~3회 이상
- 강도 : 운동 자각도(0~10)에 따라 중강도는 눈금 5~6사이
- 시간 : 정적인 스트레칭 동작을 1회 15~60초 정도 유지하고 총 10분정도 실시한다. 한 세션을 적어도 4회 정도 실시
- 종류 : 주요 근육을 늘리는 동작으로 유연성을 유지하거나 증가시킴

구분	빈도	강도
유산소 운동	• 중강도 신체활동 : 주 5일 이상 • 고강도 신체활동 : 주 3일 이상 • 중·고강도 신체활동 : 주 3~5일	• 중강도 신체활동 : 5~6 운동 자각도 • 고강도 신체활동 : 7~8 운동 자각도 * 운동자각도 척도는 0~10
저항 운동	• 주 2일 이상	• 저강도 신체활동 : 1RM 40~ 50%(처음 운동시작 노인) • 중강도 신체활동 : 1RM 60~ 70% 또는 5~6 운동자각도 • 고강도 신체활동 : 7~8 운동 자각도
유연성 운동	• 주 2일 이상	• 근육의 긴장감과 약간의 불편감 이 느껴질 정도까지 스트레칭 하기

구분	시간	형태
유산소 운동	• 중강도 신체활동 : 최소 30~60분/일, 최소 10분/회, 총 150~300분/주 • 고강도 신체활동 : 최소 20~30분/일, 총 75~100분/주	• 정형외과적으로 과도한 스트 레스를 유발시키지 않는 운동 : 걷기, 수중운동, 고정식 자전거 타기
저항 운동	• 대근육근으로 8~10 종류의 운동 : 각각 8~12회 반복으로 1~3세트 실시	• 점진적 웨이트 트레이닝 프로 그램 또는 체중 부하 유연성 체조 실시, 계단 오르기, 근 력강화(대근육군 사용)
유연성 운동	• 30~60초 동안 스트레칭하기	• 느린 움직임으로 유연성 증진 또는 유지시키는 동작형태 : 정적 스트레칭

* 근력이란 개인이 한 번에 들어 올릴 수 있는 최대 무게를 의미하고, 1회 최대반복 혹은 1RM(one-repetition maximal)로 나타냄
* 노인의 운동자각도 : 0(앉아 있을 때 강도), 5~6(중강도 신체활동), 7 이상(고강도 신체활동), 10(탈진상태)

CHAPTER 03

노인 운동의 특징과 효과

1 노인 운동의 개념

(1) 운동의 정의

① 체력, 운동 수행력, 건강, 사회적 관계 개선 등 구체적인 목표를 가지고 레크리에이션, 여가에 참여하는 계획된 신체 활동

② 체력의 하나 또는 그 이상의 요소를 향상·유지하기 위하여 수행된 계획적이고, 구조화된 반복적인 신체 움직임

③ 에너지를 소모하는 골격근에 의해 이루어지며 체력과 정적 상관관계를 나타냄

④ 체력과 전반적인 건강 및 웰니스를 유지·증진시키는 활동

(2) 체력

① 생활에 기초가 되는 신체적 능력, 직업, 여가 활동, 일상행동을 과도한 피로감 없이 수행하는 능력을 말함

② 건강과 웰빙의 전반적인 상태 혹은 특정 스포츠나 작업을 수행하는 일련의 종합적 능력을 의미

③ 일반적으로 올바른 영양섭취, 운동, 위생, 휴식의 4가지 요소에 의해 성취됨

④ 체력은 신체의 형태(체격, 체형)와 기능(기관이나 장기별)을 기초로 환경 변화에 대하여 건강을 유지하는 방어적 능력(물리화학적

환경 요인, 질병 원인, 생리적 · 심리적 스트레스에 대한 저항력)이나 환경에 대해 적극적으로 작용하는 행동적 능력으로 나타남

⟹ 방위 체력 : 외부 스트레스로부터 신체를 방어하고, 적극적인 신체 활동을 유지하는 능력

⟹ 행동 체력 : 적극적으로 활동하는 의지를 포함한 신체적 작업 능력. 이는 건강 관련 체력과 운동 관련 체력으로 분류됨

KRIEE's PICK 체력의 구분

윌리엄스(Williams, 1990)의 체력 요소 분류
• 건강 관련 체력 : 근력, 근지구력, 심폐 지구력, 유연성, 신체 조성
• 운동 관련 체력 : 순발력, 민첩성, 평형성, 협응(조정)력, 스피드, 반응 시간

행동 체력	건강 관련 체력	• 심폐 지구력 : 긴 시간 동안 지속적으로 전신 활동을 수행할 수 있는 능력 • 근지구력 : 동일한 근수축 운동을 반복적으로 수행할 수 있는 능력 • 근력 : 근육 조직이 단 한 번 수축할 때 발휘할 수 있는 최대의 힘 • 유연성 : 하나 이상의 관절이 움직일 수 있는 범위
	운동 관련 체력	• 파워 • 민첩성 : 신체를 신속히 조작하는 능력 • 평형성 : 신체를 일정한 자세로 유지하는 능력 • 협응성 : 신체를 신속하고 능률적으로 조정하고 통제할 수 있는 능력 • 스피드 • 반응시간 • 순발력 : 순간적으로 근육을 수축시키며 동작을 만들어내는 힘
방위체력		• 외부 자극(기온, 기압, 병원균, 불안, 스트레스 등)에 대해 인체가 방어, 유지 및 적응하는 능력으로서 질병에 대한 면역과 회복 능력을 포함 • 기관 조직의 구조, 온도조절, 면역, 적응

1 노인 운동 프로그램 설계의 특수성

(1) 기능 관련성

① 프로그램 참가자들이 자주 마주치는 환경 속의 일상적 활동을 본뜬 동작을 선택

② 특정성의 운동 원리와 유사하지만 일상생활에서 수행되는 동작들을 모방한 기능활동에 초점

③ 수업과 일상생활에서 수행하는 활동 사이의 연관성을 더욱 잘 인식하게 함

(2) 난이도

① 선택된 활동 및 운동은 개인 고유의 능력이나 환경 요구 사항에 맞춰 변경

② 참가자 고유의 능력에 맞추되 긍정적인 효과를 낼 정도로의 난이도를 가진 운동을 제공해야 함

③ 참가자를 부상의 위험에 노출시키는 운동은 뚜렷이 구분해야 함

④ 지도자들은 참가자들의 의료상 건강상태와 신체상태에 관한 정보가 많을수록 적절한 난이도의 운동을 더욱 안전하고 효과적으로 제공할 수 있음

(3) 수용

① 자신의 능력에 최대한 맞게 운동하되, 무리하거나 통증이 발생하지 않는 스스로 안전하다고 생각하는 수준에서 운동하도록 지도해야 함을 의미

② 많은 노인들에게 나타나는 건강 및 신체 기능의 변화를 인식하고, 참가자들이 특정한 시간에 스스로의 능력에 맞게 운동하도록 장려

② 지속적인 운동 참여를 위한 동기부여 방법

(1) 동기부여와 관련된 이론

신체 활동에 참여하도록 행동 변화를 일으키는 방법에 대한 이론

① 행동주의 학습 이론

학습이 형성되는 요인을 설명하는 이론. 인간행동은 변화를 위해 정밀하게 계획된 자극이나 강화를 통해 변화한다는 이론

② 건강 신념 모형

신념이 건강행동 실천 여부에 있어 중요한 역할을 한다는 이론으로, 지각된 위협(지각된 민감성＋지각된 심각성), 지각된 기대(지각된 이익＋지각된 장애＋자기 효능감)가 행동의 계기를 만나 행동으로 나타나게 됨

③ 범이론적 모형

행동 변화에 대한 일반적이고 광범위한 이론적 모델. 새로운
건강행동을 위한 개인의 준비 상태를 평가하고 지도하기 위한
전략 또는 과정을 담은 통합적인 이론

계획 전 단계 (무의식 단계)	• 변화의 필요성을 느끼지 못하는 단계 • 현재 운동을 하고 있지 않음
계획 단계 (의식 단계)	• 변화의 필요성을 인식하기 시작하는 단계 • 현재 운동을 하고 있지 않지만, 6개월 내에 운동을 할 의사가 있는 단계
준비 단계	• 변화하겠다는 동기가 증가하기 시작하는 단계 • 규칙적으로 운동을 하고 있지 않으나, 1개월 내에 운동을 할 의도가 있는 단계
행동 단계	• 변화를 위한 행동이 나타나는 단계 • 현재 규칙적으로 운동하고 있으나, 그 기간이 6개월이 지나지 않은 단계
유지 단계	• 변화를 통해 얻은 환경/사람과 관계를 만들어가는 단계 • 현재 운동을 규칙적으로 하고 있고, 시작한지 6개월이 지난 단계

④ 합리적 행위 이론

신념과 행동 사이 관계에 대한 이론. 사람들은 어떤 행동을 하기
전, 관련된 정보를 합리적, 체계적으로 사용하여 행동결과를
분석한 후에야 비로소 행동한다는 이론

⑤ **행동 변화 단계 이론**

신체 활동을 할 수 있다는 자기 효능감이 있으면 건강행동으로 변화가 쉽게 이루어진다는 이론으로, 행동을 변화시키는 요인에는 자기 효능감, 의사 결정 균형, 변화 과정이 있음

⑥ **사회 인지 이론**(상호 결정론)

인간의 행동은 개인의 내적 요인(인지적 능력, 신체적 특성, 신념과 태도), 행동 요인(운동 반응, 정서적 반응, 사회적 상호 작용), 환경 요인(물리적 환경, 사회적 환경, 가족과 친구)의 상호작용에 의해 변화가 생긴다는 이론. 반두라의 이론이 대표적임

⑦ **계획된 행동 이론**

합리적 행위 이론에 지각된 행동 통제력이라는 변인을 추가하여 행동 의도와 행동을 보다 정교하게 예측하는 이론으로, 행동에 대한 태도와 주관적 규범, 지각된 행동 통제력이 행위의도에 영향을 미침

반두라(A. Bandura)의 자기 효능감

반두라는 사회 학습 이론에서 자기 효능의 역할을 강조해 왔다. 인간이란 감정, 사고, 행동을 통제할 수 있는 자기 반영적인 능력을 지니고 있다고 보았는데, 가장 강력한 자기 조절 방법의 하나로 자기 효능감(Self-efficacy)을 들었다. 자기 효능감이란 자신이 어떤 일을 잘해낼 수 있다는 개인적 신념이다. 자기 효능에 관한 지각은 개인이 추구하거나, 피하려고 선택하는 활동에 영향을 미쳐서 그가 누구인지, 그가 무엇이 될 것인지를 결정하게 된다.

다음과 같은 4가지 요인을 통해 형성

성취경험 **(성공경험)**	어떤 사람이 목표를 달성하기 위해 시도한 결과. 성공과 실패 여부(수행완수)
대리경험 **(간접경험)**	타인의 성공과 실패 여부
언어적 설득 **(사회적 설득)**	타인으로부터 무언가 잘해 낼 수 있다는 말을 얼마나 자주 듣느냐의 정도
정서적 각성	불안, 좌절 등과 같은 정서적 반응을 통한 조절능력

(2) 노인 운동의 동기 유발 요소 및 목표 설정법

① **신체적 건강**

질병 위험의 감소, 건강증진을 통한 삶의 질 향상

② **정신적 건강**

스트레스와 불안 감소, 기분상태의 개선, 정신 건강의 향상

③ **사회적 건강**

세대 간 교류 촉진, 새로운 집단과의 관계 유지

❸ 노인 운동의 효과

(1) 운동의 신체적(생리적) 효과

① 심장 혈관 계통과 호흡 계통

심장 및 혈관의 기능 향상, 유산소 능력 향상 및 유지, 최대 산소 섭취량 증가, 안정 시 심박수 감소, 1회 박출량 증가, 혈액의 산소 운반 능력 증가, 분당 환기량 증가, 안정 시 호흡수 감소, 폐활량 증가 등

② 근육 및 골격 계통

근력 향상, 뼈의 질량 증가, 근육층의 발달, 지방층의 감소, 피부의 탄력 향상, 뼈대 및 관절 강화 등

③ 내분비 계통

인슐린 감수성 증가, 인슐린 저항성 감소, 대사증후군 유병률 감소, 당뇨병 예방 및 개선, 상처 치유 속도 향상, 저밀도 지질 단백질 콜레스테롤(LDL-C) 감소, 초저밀도 지질 단백질(VLDL) 감소, 중성 지방(TG) 감소, 고밀도 지질 단백질 콜레스테롤 증가(HDL-C) 등

④ 신경 계통

반응 시간 단축, 신경 전달 기능 향상, 신체 제어 능력 및 협응력 향상, 수면 상태 호전, 기억력 향상, 치매 발생 감소 등

⑤ 운동 기술 습득

기존 운동능력 유지, 새로운 운동 기술 습득 등

(2) 운동의 심리적 효과

① **긴장 이완**

적절한 신체 활동으로 긴장을 품

② **스트레스와 불안 감소**

규칙적인 활동으로 스트레스와 불안 감소

③ **기분 및 감정 상태의 개선**

신체활동은 건강 악화를 방지하고 장기적인 고독으로 인한 부정적인 영향을 바꾸는 데 도움

④ **정신 건강의 향상**

규칙적인 운동은 우울증, 불안, 신경증을 포함한 여러 정신질환 치료에 있어 중요한 역할을 하며 정신 건강 향상에 기여

(3) 운동의 사회적 효과

① **사회 통합**

규칙적으로 활동하는 사람은 사회활동에 적극적으로 참여할 가능성이 높음

② **새로운 인맥**

다른 사회환경에서 신체 활동은 새로운 인맥 생성과 교류를 추진

③ **사회적 · 문화적 연결망 확대**

신체 활동은 개인의 사회적 · 문화적 연결망을 넓힐 수 있는 기회 제공

④ 역할 유지와 새로운 역할

신체활동은 적극적으로 사회역할을 유지하고 새로운 역할을 습득하기 위한 환경조성에 도움이 됨

⑤ 세대 간 교류 촉진

신체 활동은 세대 간의 교류 기회를 제공하여 노화와 노인에 대한 고정 관념 탈피

KRIEE's PICK 건강한 노인을 위한 신체 활동 방안

- 일일 7,000~8,000보 이상 걷기
- 일일 중강도 신체활동 15~20분 이상 실시
- 좌식생활을 줄이고, 외출이나 사회 활동으로 일상에서 신체 활동량을 증가

CHAPTER 04

노화와
노화에 관련된 이론

I 노화의 개념

1 노화의 개념

(1) 노화의 정의

시간의 흐름에 따라 신체 구조와 기능이 퇴화하는 현상

(2) 노인의 정의

① **사전적 의미**

나이가 들어 늙은 사람

② **통상적 의미**

생물학적인 연령을 기준으로 65세 이상인 사람

③ **국제노년학회에서의 정의**

- 인간의 노화 과정에서 나타나는 생리적·심리적·환경적 행동 변화를 보이는 사람
- 일상생활에 대한 적응력이 감퇴하고 있는 사람
- 인체의 기관·조직·기능이 감퇴하고 있는 사람
- 환경변화에 반응할 수 있는 신체기능이 퇴화하고 있는 사람

2 연령의 분류

① **역연령**(생활연령, chronological age), **연대기적 연령** : 출생연도를 기준으로 한 나이

- 연소 노인(young-old) : 65~71세
- 중고령 노인(middle-old) : 75~84세
- 고령 노인(old-old) : 85~99세
- 초고령 노인(oldest-old) : 100세 이상

② **생리적 연령**

건강, 체력, 신체를 기준으로 한 나이

③ **심리적 연령**

심리적 성숙도를 기준으로 한 나이. 환경 변화에 대한 적응력, 스트레스 대처 능력, 관계 형성 능력, 독립심 등이 중요한 기준

④ **기능적 연령**(신체연령)

개인의 신체적, 심리적, 사회적 기능에 따라 규정하는 나이

예 70~74세 수준의 심폐지구력을 가진 80세 남성의 심폐지구력 기능적연령은 70~74세

스피르두소(W. Spirduso)의 신체적 능력(기능적연령)에 따른 5단계 노인구분

신체적으로 아주 잘 단련 (5단계)	• 경쟁 스포츠, 시니어 올림픽 • 고위험 및 파워스포츠 　예 행글라이더, 웨이트 리프트 트레이닝
신체적으로 단련된 (4단계)	• 중강도 신체 활동 • 대부분 운동을 취미로 함 예 달리기, 자전거, 등산 • 이 군에 속하는 경우 신체 나이는 역연령보다 낮을 것
신체적으로 독립적인 (3단계)	• 아주 가벼운 신체 활동 • 신체부담이 적은 활동 　예 골프, 사교댄스, 수공예, 여행, 운전 • 걷기, 정원일 등을 취미로 함 • 모든 일상생활의 도구적 활용(IADLs) 가능
신체적으로 연약한 (2단계)	• 일부 일상생활의 도구적 활용(IADLs) 가능, 모든 　일상생활의 기본적 활동(BADLs) 가능 　예 가벼운 집안일, 조리, 식료품 구매 • 외출 제한
신체적으로 의존적인 (1단계)	• 일부 또는 모든 일상생활의 기본적 활동(BADLs) 불가능 • 가정 또는 시설에서 보호 필요 　예 요양원 및 사회 복지 시설에 의존

❸ 건강수명과 기대수명

① 건강수명

- Fries, Crapo(1981)의 정의 : 심각한 질병이나 신체장애 없이 생존 가능한 삶의 기간
- Katz(1983)의 정의 : 신체적·정서적·인지적 활력 또는 기능적 웰빙을 유지할 수 있을 것으로 예상되는 삶의 기간. 이는 건강수명에 있어 신체적 능력 이외에도 심리적·사회적 부분도 중요하다는 것을 의미

② 기대수명

통계적인 방법으로 추정한 성별·연령별 기대되는 생존연수 (앞으로 살아갈 년수)

❹ 고령화 사회의 분류 기준

① 고령화 사회

65세 이상의 노인 인구가 7% 이상 14% 미만인 사회

② 고령 사회

65세 이상의 노인 인구가 14% 이상 20% 미만인 사회

③ 초고령 사회

65세 이상의 노인 인구가 20% 이상인 사회

⑤ 우리나라 인구 변화

① 우리나라는 2017년 상반기부터 생산 가능 인구(15~64세)가 줄어들었으며, 전체 인구수도 감소하기 시작함
② 현재 우리나라는 고령 사회에서 초고령 사회로 변화하고 있고, 2060년 중반 이후엔 65세 이상 인구가 전체 인구의 절반 가까이 될 것으로 예상함
③ 가장 큰 원인은 저출산임

⑥ 노화의 유형

① **병적 노화**
유전적으로 특정 질병에 취약하거나, 장애와 죽음의 원인이 되는 나쁜 생활습관에 의한 노화
예 잘못된 식습관, 흡연, 음주 등

② **생물학적 노화**(보편적 노화)
적응력 상실, 질병, 신체적 손상, 기능적 능력 감소, 장애 그리고 결국 죽음에 이르는 인체의 노화

보편성 (universal)	노화로 인한 신체 변화는 누구에게나 일어남
내인성 (intrinsic)	노화는 질병이나 사고가 아닌 내적인 요인에 의해 일어남
쇠퇴성 (deleterious)	노화는 궁극적으로 사망을 초래함
점진성 (progressive)	노화에 따른 변화는 나이가 증가함에 따라 커지며, 회복 불가능함

③ 성공적 노화

- 수명연장이나 생존만이 아닌 노화에 있어 질적인 측면을 의미하며, 신체적·인지적 기능뿐만 아니라 사회적 역할과 생산 활동 등에 적극적으로 참여하는 것을 의미

- 세계보건기구에서 성공적 노화를 신체적 건강(기능상태), 정신적 건강(정서적·인지적상태) 및 사회적 건강(생산적 참여)으로 정의. 이 3가지 항목은 별개의 것이 아니고 서로 맞물려 있음

  - 신체적 측면 : 인간의 기본적인 욕구 중 하나가 '건강한 삶'. 다수의 연구에서 만성질환 보유 여부, 운동 등이 성공적 노화의 예측변인으로 밝혀짐

  - 정신적 측면 : 자기효능감, 독립성, 수용성, 긍정적인 사고, 진취적인 사고 등을 포함

  - 사회적 측면 : 사회적지지 및 관계망, 경제적 상태 등을 포함

영아 및 유아기 과업 (0~5세)	걸음마, 고체 음식물 먹기, 말 배우기, 배설 통제, 성 차이 인지, 생리적 안정, 사회적·물리적 현실의 간단한 개념 형성, 부모·형제 자매·타인들과의 긍정적 관계 형성, 선악 구별
아동기 과업 (6~12세)	경기에 필요한 신체적 기능 습득, 자신에 대한 건전한 태도 형성, 친구 사귀기, 성의 사회적 역할 인지, 읽기·쓰기·셈하기 등 기초 기능 발달, 일상생활에 필요한 개념 발달, 양심·도덕성·가치 척도 형성, 인격적 독립성 성취, 사회적 집단과 사회제도 인지
청년기 과업 (13~22세)	남녀 간 성숙한 관계, 성별 역할 이해, 정서적 독립, 경제적 독립, 직업선택 준비, 결혼·가정생활 준비, 민주시민 가치관 형성, 사회생활 준비, 자아가치관 형성
성인 초기 과업 (22~30세)	배우자 선택, 가정생활 준비, 아이 기르기, 시민적 책임 수행, 적합한 사회집단 참여
중년기 과업 (30~55세)	시민적·사회적 책임 수행, 경제적 표준 확립 및 유지, 10대에게 조력 제공, 여가생활, 배우자와 건전한 관계 유지, 생리적 변화 인정, 연로한 부모에 대한 적응
노년기 과업 (56세 이후~)	약해지는 체력과 건강 적응, 은퇴와 수입감소 적응, 배우자 사망 적응, 동년배와의 친밀한 관계, 사회적·시민적 책임 이행, 만족스러운 생활조건 구비

Ⅱ 노화와 관련된 이론

1 생물학적 노화 이론

(1) 유전학적 이론

인체 노화 속도를 결정하는 데 있어 유전적인 요인에 초점을
둠. 생애 중 일어나는 사건들(사춘기, 폐경기 등)은 각 세포의
계획에 의해 조절된 결과라고 생각함. 가장 오래되고 잘
알려진 유전학적 이론은 Hayflick 한계로서 인간 세포는
제한된 횟수만큼 (약 50번 정도) 분열할 수 있으며, 이 숫자는
유전학적으로 이미 계획된 것이라는 주장

(2) 손상 이론

세포손상이 누적되어 세포의 기능장애와 괴사가 발생되고, 이는
노화의 결정요소로 작용한다는 개념에 근거함. 세포 손상을
누적시키는 요인으로는 자유기(free radical), 글루코오스,
교차결합(cross-linkage) 또는 DNA 손상 등이 있으며, 자유기
이론이 가장 강력하게 인정되고 있는 세포손상이론임

(3) 점진적 불균형 이론

중추신경계와 내분비계를 합쳐서 부르는 '신경내분비계'의 세포들은 노화에 따라 줄어듦. 이러한 신경세포는 몸의 여러 조직에 광범위한 영향을 미치기에 신체의 점진적인 불균형이 생긴다고 보는 이론

(4) 교차 결합 이론(cross-linkage theory)

나이가 들면 결합 조직 내의 커다란 분자들이 교차 결합하기에 폐, 신장, 혈관, 소화계, 근육, 인대의 탄력이 감소함. 교차결합에 의해 서로 엉킨 분자들은 세포 내부의 영양소와 화학전달 물질의 수송을 방해함

(5) 사용 마모 이론

신체 기관도 기계를 오래 사용하였을 때 기능이 떨어지고 정지되는 것처럼 점진적으로 퇴화한다는 이론

(6) 신체적 변이 이론

손상으로 인해 변이된 세포가 축적되어 노화가 일어난다는 이론

(7) 면역 반응 이론

항원에 노출되었을 때 동물체가 일련의 특이적인 방어 반응을 보인다는 이론

② 심리학적 노화 이론

(1) 매슬로(Maslow)의 욕구 단계 이론

① 생리적 욕구 ➡ 안전의 욕구 ➡ 애정과 소속의 욕구 ➡ 존경의 욕구 ➡ 자아실현의 요구

생리적 욕구	식사, 수면, 배설, 온도 및 청결 유지 등
안전의 욕구	위험으로부터 보호받고자 하는 욕구
애정과 소속의 욕구	사회적 관계 욕구
존중 욕구(존경의 욕구)	존경받고 싶은 욕구
자아실현 욕구	자아를 실현하고자 하는 욕구

② 낮은 수준의 욕구가 충족되어야 다음 수준의 욕구가 생겨난다는 단계성을 설명함

③ 기본적 욕구가 충족되었을 때 성공적인 노화가 가능하다는 것으로 받아들여짐

(2) 에릭슨(Erikson)의 심리 사회적 발달 이론

① 성격 발달은 8단계를 거쳐 진행되고, 각 단계는 일부 형태의 심리 사회적 위기로 나타남. 성공적인 노화를 위해서는 이러한 위기가 해결되어야만 함

단계	긍정적 결과	부정적 결과
1. 신뢰 대 불신 (0~1세)	• 사람들을 신뢰함 • 자신의 요구가 해결될 것으로 믿음	• 타인을 신뢰하지 못함 • 자신의 요구가 충족될 것이라고 믿지 못함
2. 자율성 대 수치심 (1~3세)	• 기본적인 일들을 독자적으로 수행하는 스스로의 능력에 대한 자신감	• 자신감 결여
3. 주도성 대 죄책감 (3~5세)	• 새로운 것을 시도해도 좋다고 느낌	• 새로운 것에 대한 시도 두려워함 • 실패 또는 비난 두려움
4. 근면성 대 열등감 (6~12세)	• 보편적으로 기대되는 작업을 수행할 경우 자부심을 가짐	• 다른 어린이가 쉽게 하는 것을 자신이 못하면 열등감
5. 자아정체감 대 역할 혼동(13~18세)	• 자신이 누구인지, 어떤 삶을 살기 원하는지 생각함	• 독자성을 확립하지 못하거나, 부정적인 정체성 형성
6. 친밀감 대 고립감 (젊은 성인층, 18~24세)	• 친구 및 연인과 친밀한 관계를 형성	• 친밀한 관계 형성과 유지의 어려움
7. 생산적 대 정체 (중년 성인층, 24~65세)	• 가족부양 또는 생산활동 참여	• 생산적이지 못함
8. 자아통합 대 절망감 (노년기, 65세 이후)	• 자부심과 만족을 느끼며, 삶을 되돌아봄 • 죽음을 위엄있게 받아들임	• 삶에서 달성해야 하는 것들을 달성하지 못했다고 느낌 • 삶의 종말이 다가오는 것에 대한 좌절감

② 성공적 노화는 노년에서 신체적 · 정신적 · 사회적 손실에 대한 적응능력과 관련 있음

③ 지능, 인지적 능력, 자기 효능감, 자기 존중감, 개인적 통제력, 대처 방식, 복원력 등이 성공적 노화의 중요한 결정 요인임

④ 노년에서 기능적 독립성 유지를 위한 3가지 생활 관리전략

- 삶의 최우선 영역에 초점(만족감과 통제력을 느끼게 해주는 영역에 초점)

- 삶을 풍요롭게 하고 삶의 질을 향상시키는 데 도움이 되는 기술과 재능을 최적화

- 목표달성을 위해 스스로와 타인의 전략 및 기술자산을 이용하여 신체적, 정신적 손실을 보상

3 사회학적 노화 이론

(1) 활동 이론

일상생활에서 정신적, 신체적 활동을 지속하는 사람이 건강하고 행복하게 늙는다는 이론

(2) 연속성 이론

성공적으로 늙는 사람은 좋은 건강습관, 선택, 생활방식, 인간관계를 중년에서부터 노년까지 지속하는 사람이라고 제의한 이론

(3) 분리 이론

노화는 사회적 역할 및 상호작용의 감소를 가져오고 이러한 사회로부터의 분리는 정상적인 것으로 받아들여, 노인들이 자발적으로 사회활동에서 멀어지고 내면성찰 기회를 가질 때 노후생활에 만족할 수 있다는 이론

(4) 하위 문화 이론

공통된 특성을 가진 노인들이 집단을 형성하고, 빈번한 상호작용을 통해 특유의 행동 양식을 만든다는 이론

(5) 지속성 이론

개인이 가지고 있는 인격적 성향들이 각기 다른 노화 패턴을 만들어 낸다고 주장. 노인은 과거에 자신이 했던 역할과 비슷한 형태와 수준을 유지하고자 하는 경향이 강하다는 것. 그러므로 노인이 스스로의 기준대로 적응해나가도록 하는 것이 성공적인 노화를 돕는 길일 수 있다고 주장

4 발테스(Baltes)의 보상이 수반된 선택적 적정화 이론

① 노인의 신체적, 정신적, 사회적손실에 적응하는 능력과 연관됨

② 기능적 능력 향상을 통해 노화로 인한 손실을 보완하도록 도움

③ 지능, 인지적 능력, 자기 효능감 등이 성공적 노화의 중요한 결정요인임

④ 노인의 기능적 독립을 유지하기 위한 3가지 행동전략

- 선택(selection) : 주어진 환경 속 활동의 종류, 양, 질 중 삶의 최우선 영역을 선택

- 적정화(optimization) : 다양한 수단과 방법으로 개인이 선택한 목표를 달성

- 보상(compensation) : 자원을 활용하여 지속적인 성장을 이뤄 나가며 삶의 만족을 보상

5 로우, 칸의 성공적 노화 이론

① 성공적인 노화란 높은 수준의 인지적, 신체적 기능을 유지하며, 인간관계 형성과 생산활동에 적극적으로 참여하는 것임
② **5가지 영역 연구** : 건강상태, 사회관계, 심리적 특성, 신체적 및 인지적 기능, 생산활동

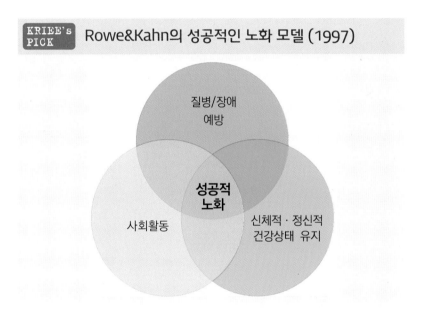

KRIEE's PICK Rowe&Kahn의 성공적인 노화 모델 (1997)

질병/장애
예방

성공적
노화

사회활동

신체적 · 정신적
건강상태 유지

CHAPTER 05

노인 운동 지도를 위한 커뮤니케이션 및 위기관리법

1 노인 스포츠 지도자의 지도 기법

① 수업 장소에 일찍 도착하여 새로운 참가자들을 파악하고, 기존 참가자들과 상호 교류를 할 수 있는 시간적 여유를 줌
② 운동 프로그램 시작 전, 분위기를 조성함
③ 운동명칭을 시범과 함께 언어적, 시각적으로 제공함
④ 운동의 목적을 설명하여 이해시킴
⑤ 노인들이 신체 인지능력을 발달시킬 수 있도록 도움을 줌
⑥ 참가자 중심의 접근방법으로 인간 지향적인 관점에서 접근함
⑦ 운동지도 시 단어선택을 신중하게 함
⑧ 사교적인 관계를 조성함
⑨ 편안하고 협박적이지 않은 분위기를 유지함
⑩ 우호적인 운동환경을 조성함

KRIEE's PICK 지도자의 의사소통 기술 및 원칙

효과적인 의사소통에는 언어적, 비언어적, 자기주장기술 등이 있음
• 언어적 기술 : 전문용어나 어려운 단어 사용하지 않기, 내용을 명확하고 간결하게 전달하기
• 비언어적 기술 : 정보의 시각적 제시, 시각자료는 쉽게 읽을 수 있게 제작하기
• 적극적 경청 : 참여자와 자주 눈 마주치고 정면에서 쳐다보기, 편안한 거리 유지하기, 눈높이 맞추기

② 노인 운동 지도 시 주의 사항

① 규칙적인 메디컬 체크

② 개개인에게 맞는 운동 처방

③ 부담감이 낮은 운동 선택

④ 탈수 증상을 대비하여 미리 수분 보충

⑤ 상해 예방을 위한 적절한 운동복 및 신발 착용

⑥ 너무 춥거나 더운 환경을 피함

⑦ 지속적인 컨디션 조절

⑧ 추운 환경에서는 준비 운동을 평소보다 오래 진행

❸ 노인 스포츠 지도자의 자질

① 책임감
- 교본에 제시된 신체활동지침을 따름
- 수업시간에 맞춰 도착
- 안전과 응급조치에 관한 사항들을 정기적으로 갱신하고 실습
- 반응검사와 평가를 실시하고 피드백 제공
- 노인 개인정보에 대한 비밀 유지
- 지도자 개인의 스트레스 관리를 통해 수업에 지장이 없도록 함

② 지지감 표현
- 수업 때마다 참가자에게 최소한 한마디 이상의 말을 건넴
- 참가자에게 적절한 표현으로 긍정적인 면을 강조
- 참가자가 2회 이상 결석 시 전화나 이메일로 연락을 취함
- 자아 존중감과 자아 효능감을 북돋아 줌

③ 관심
- 아낌없는 관심과 인정의 표현과 미소, 포용하는 마음가짐
- 참가자들에 대한 배려를 표현하고 친근감을 형성할 수 있는 비언어적인 전달 방법을 사용
- 목표에 대한 관심, 몸의 약한점에 대해 진심을 담아 전달함
- 운동 이외의 활동이나 가족생활에 대한 대화를 통해 라포를 형성함

④ 동정심

- 걱정거리나 고통, 관심사, 실패를 귀담아들음

- 초보자는 초보자인 그대로 인정

- 참가자들에게 자신의 신체에 대해 귀 기울일 것을 상기시킴

KRIEE's PICK 훌륭한 리더십의 기타 특징

긍정적인 자세, 인지, 열정, 존경심, 창조성, 유연성 등

4 노인 운동지도사의 커뮤니케이션 방법

(1) 일반적인 사항

해야 할 것	• 자신을 밝힌다. • 노인이 원하는 존칭을 사용한다. 예 선생님, 어르신 • 저음으로 분명하고 천천히 말한다. • 노인에 대해 알려고 노력한다. • 공감을 하며 경청한다. • 신체언어에 주의를 기울인다. • 접촉을 적절하게 자주 사용한다.
하지 말아야 할 것	• 어린아이 다루듯 말하지 않는다. • 소리질러가며 말하지 않는다. • 일반적인 노인에 대한 편견으로 미루어 짐작하지 않는다. • 일에만 집중하다 노인도 인간이라는 것을 잊지 않는다. • 의사소통 방법으로 필요시 접촉을 활용하는 것에 두려움을 갖지 않는다.

(2) 청력장애 노인과의 의사소통법

노인에게 흔히 나타나는 노인성 난청은 말을 잘 알아들을 수 없거나 왜곡하여 들음을 의미한다. 스스로 이러한 문제를 인식한 노인은 의사소통을 피할 수도 있다. 또한 불편함 때문에 타인이 노인과의 의사소통을 피할 수도 있다. 보청기가 청력 문제를 교정할 수 있다면, 저음이나 알아들을 수 있는 수준으로 상담 및 기능측정을 하고 운동 지도 시 대상자의 얼굴을 마주보고 분명하고 명확하게 말해야 한다.

① 시선집중을 유도한다 ➡ 대상자의 이름을 부르면서 말을 건다.

② 눈을 맞추고 이야기한다.

③ 대상자가 들을 수 있다면 정상보다 큰 소리로 말하지 않는다 ➡ 큰소리로 말하면 오히려 듣기 힘들며, 말이 불분명해진다.

④ 말이나 질문을 명확히 할 필요가 있다면 제스처를 사용한다.

⑤ 입 모양이 잘 보이도록 말한다.

⑥ 귀에 직접 대고 말하지 않는다 ➡ 이는 환자가 시각적 암시를 사용하여 들을 수 있는 능력을 방해한다.

⑦ 간단하고 쉬운 용어를 사용한다.

⑧ 단순하게 말하고, 반응이 없으면 짧고 단순하게 다시 말한다.

⑨ 정상 속도보다 너무 빨리 말하거나 너무 끊어서 발음하지 않는다.

⑩ 한 번에 많은 정보를 전달하지 않는다.

(3) 시각장애 노인과의 의사소통

노인성 질환의 하나인 노인성 황반변성(senile macular degeneration)은 시력감소를 만들어내므로 운동지도 시 주의를 요한다. 황반변성 초기에는 글씨가 흔들려 보이거나 굽어져 보이고, 단어를 읽을 때 공백이 보이거나, 그림을 볼 때 어느 부분이 지워진 것처럼 보일 수 있다. 이러한 증상은 노인이 타인과 상호작용하는 데 영향을 줄 수 있다.

① 프로그램 진행 시 눈부신 장소를 피한다.

② 운동지도가 야외에서 진행될 경우, 챙이 있는 모자를 챙긴다.

③ 운동 장소로 이동하거나 운동을 시작하기 전 시력조절을 위해 충분한 시간을 준다.

④ 노인의 얼굴에 빛이 바로 투사되지 않도록 위치를 설정한다.

⑤ 실내 운동 시 날씨를 고려하여 조명 양을 조절한다.

⑥ 시각 손상을 가진 노인의 경우 운동 프로그램 지도 시 또는 운동평가 시에 글씨 크기, 색깔 등을 고려한다.

(4) 노인 건강상태에 따른 의료와 보건 목표

① 건강노인

- 신체적으로 활동적이며 정신적으로 온전하고 활발한 사회활동을 하는 건강한 노인. 질병이 아예 없는 상태를 의미하는 것은 아니다. 관절염, 백내장, 당뇨병 등 한 두 가지 이상의 만성질환을 가지고 있는 경우가 대부분이지만, 이로 인한 신체적 제한이나 장애는 없는 상태이다.
- **의료의 목적** : 수명연장, 완치
- **보건의 목표** : 허약 및 장애의 예방

② **허약노인**

- 다양한 만성질환 및 장애를 가지고 있는 경우이다. 건강상태가 좋지 않아서 작은 신체적 변화에도 독립적인 일상생활이 불가능하고 병원이나 요양시설에 입원해야 할 수 있다.
- 의료의 목적 : 환자가 견딜 수 있는 범위 내에서 환자의 의사를 반영한 치료
- 보건의 목표 : 기능상태의 극대화, 주거환경 개선, 재활

③ **치매노인**

- 치매는 인지기능의 감퇴와 장애를 초래하는 퇴행성 질환이다. 진행단계에 따라 노인의 기능 상태는 다를 수 있으나, 광범위한 인지기능의 상실이 초래된다.
- 의료의 목표 : 기능의 극대화, 완화요법
- 보건의 목표 : 질병 예방, 보호

④ **종말기 노인**

- 삶의 종말기에 있는 노인이다.
- 의료의 목표 : 완화
- 보건의 목표 : 고독의 완화, 선택의 극대화

Ⅱ 노인 운동 지도 시 위기관리

1 미국스포츠의학회(ACSM)의 건강/체력 시설 기준 및 지침

① 어떠한 응급 상황에서도 신속하게 대응할 수 있어야 하며, 모든 직원이 응급대처계획을 공유하고, 정기대응훈련 실시
② 안전한 프로그램 진행을 위해 운동 전 개인별 건강 위험 상태를 파악하는 신체활동 준비상태 설문(PAR-Q)을 진행함
③ 지도자가 유효한 심폐 소생술(CPR) 및 응급 처치 자격증을 포함한 전문 능력을 갖추고 있는지 증명
④ 장비사용법 및 장비사용 시 발생 가능한 위험에 대한 경고 게시
⑤ 관련된 법률, 규정, 알려진 규범을 준수

2 부상 및 응급상황 예방법

① 프로그램 시작 이전에 모든 참가자들을 선별
② 운동 프로그램 참여자 중에 중·고위험의 심장병 환자가 있다면, 혈압과 심박수를 운동 전후와 운동 중간에 걸쳐 여러 번 측정
③ 당뇨병 환자를 위한 휴대용 혈당 측정기를 소지하고 운동 전후에 혈당 측정
④ 혈당측정기 사용 후 혈액 표본을 버릴 수 있는 의료폐기물 수거용기 설치
⑤ 심장질환 전조증상을 주의 깊게 살핌
⑥ 더위와 관련된 질병 예방을 위해 온도계 설치
⑦ 참가자는 자신의 운동 자각도(RPE)를 어떻게 평가하는지, 장비를 어떻게 안전하게 사용하는지, 운동을 중단해야만 하는 경고 징후가 어떤 것인지 사전에 교육받아야 함

KRIEE's PICK 노인 운동 중지 조건

- 협심증과 유사한 증상을 보일 때
- 안정 시 혈압에서 20mmHg 이하로 감소되거나 운동 강도를 높였음에도 수축기 혈압이 증가하지 않을 때
- 수축기 혈압이 260mmHg 이상이거나 확장기 혈압이 115mmHg 이상일 때
- 땀을 흘리지 않거나, 어지럼증을 겪거나, 불안정하거나, 창백해 보이거나, 입술이 파랄 때
- 심각한 피로감을 육체나 언어로 표시할 때
- 운동 강도를 증가시켜도 심박수의 변화가 없을 때
- 참가자가 운동 중단을 요청할 때

③ 노인 응급 처치의 순서

응급 상황 인식 → 119 호출 → 심폐소생술 실시 → 자동 심장 충격기 사용 → 구급대 도착까지 반복 실시

④ 응급 처치의 실시

① 의식과 호흡이 없는 경우 심폐소생술 실시
② 완전 기도 폐쇄 시 복부 밀쳐 올리기 실시
③ 골절이 의심되는 경우 움직이지 않기
④ 급성 손상 시 PRICES(Protection : 보호, Rest : 휴식 및 안정, Ice : 냉각, Compression : 압박, Elevation : 거상, Stabilization : 고정) 처치 실시

⑤ 응급 상황에 대처하는 방법

① 유효한 심폐소생술 관련 교육 이수
② 기초 응급 처치 실행 방법 숙지
③ 건강기록에 대한 정보 파악
④ 안전에 대한 의문이 있으면 주치의와 상의
⑤ 특정 문제에 대한 대처법 숙지
⑥ 특정 문제에 어떻게 대처해야 하는지 숙지
⑦ 응급 구조 요청을 위해 가장 가까이 있는 전화기의 위치 숙지

참 / 고 / 문 / 헌

건강보험심사평가원(2022).

국민건강보험공단(2014).

국민보건통계(2014).

국민생활체육참여실태보고서(2013).

국민체육진흥법(2017)

국민체육진흥공단(2017). 『2급 생활스포츠지도사 연수교재』. 대한미디어.

강승애 · 김효정 · 박현태 · 이경옥 · 이재구 · 이창수 · 임상원 · 전지현 · 홍승현(2015). 노인 체육론. 도서출판 대한미디어.

김성옥 · 김병준 · 김경원 · 한명우 · 송우엽(2004). 노인 체육. 도서출판 대한미디어.

김양례 · 구해모 · 조성식 · 정수호 · 윤찬중(2003). 노인의 체육 활동 실태 분석 및 활성화 방안. 국민체육진흥공단. 체육과학연구원.

김우식(2012). 노인의 생활체육 참여에 따른 생활만족도에 관한 연구. 지역정책연구. 23(2). 1-21.

김완수 외(2013). 건강증진을 위한 신체활동 지침서. 대한미디어.

김일수(2012). 「동아시아 4개국 유소년스포츠클럽 지도자의 직무스트레스가 직무만족에 미치는 영향」. 경희대학교 체육대학원 박사학위논문.

김정남(2016). 노인의 신체활동 참여행동 및 환경과 주관적 건강의 다층모형 분석. 미간행 박사학위논문. 한국체육대학교 대학원.

김태완(2011). 스포츠 상해와 응급처치. 대경북스.

김형익(2012). 노인의 경제사회적 특성에 따른 노인 연령기준에 대한 연구. 미간행 석사학위논문. 호서대학교대학원.

노인기(2012). 국민체력 인증기준 개발 문화체육관광부 수탁과제 보고서.

국민체육진흥공단.

대한고혈압학회(2014).

대한당뇨병학회(2014).

대한심장학회(2014).

대한의사협회(2022).

대한적십자사(2011). 응급처치법.

대한적십자사(2012). 대한응급구조사협회. 응급처치와 심폐소생술. 도서
　출판 한미의학.

문화체육관광부(2014).

박영옥(2014). 맞춤형 운동프로그램이 노인 우울증에 미치는 효과. 미간행
　석사학위논문. 한일장신대학교대학원.

박정호(2017). 노인기초체력향상을 위한 수중운동 계획에 대한 고려사항.
　(주)생존수영교육연구소.

박종훈 · 김창환 · 정성현 · 김세형 · 홍대석 · 박지훈(2018).노인스포츠
　지도사 연수교재. 대경북스.

박해원 · 김세형(2017). 노인의 주관적 건강 인식에 영향을 미치는 요인 분
　석. 한국체육과학회지. 26(2). 1213-1225.

배상열 · 고대식 · 노지숙 · 이병훈 · 박형수(2010). 한국 노인의 신체활동
　과 건강 관련 삶의 질의 관계. 한국콘텐츠학회논문지. 10(10). 255-266.

변재종. 노인의 맞춤운동. 대한임상건강증진학회 춘계학술대회.

송형석(2000). 건강의 목적에 대한 철학적 소고. 한국체육학회지. 39(1).
　97-107.

스포츠 관련 용어의 재정립 문화체육관광부 수탁과제 보고서. 국민체육진흥
　공단(2010).

신은삼(2013). 노화 관련 뇌인지 변화와 운동의 긍정적 영향: 인지신경과학
　적 연구 개관. 인지과학. 24(1). 1-23.

안옥희 · 김영희 · 조현철 · 백재근(2012). 12 주간 라인댄스운동이 만성퇴
　행성질환을 가진 노인의 체력과 삶의 질에 미치는 영향. 한국운동재활학회
　지. 8(4). 103-113.

양윤준(2005). 노인건강프로그램 : 낙상예방운동. 대한임상건강증진학회. 추계학술대회. S353-S365.

엄기매 · 김기원 · 김난수 · 김용권 · 배영숙 · 유재응 · 이상빈 · 이현주 공역(2005). 노인재활. 군자출판사

원영신 · 홍미화 · 고대선 · 조은영(2015). 노인체육 이론 및 실제. 서울 : 대경북스.

웰빙(Wellbeing)문화 속의 노년기 건강관리 한국웰리스학회지. 7(1). 45-57.

유현정(2006). 웰빙 트렌드에 대한 소비자의식 및 웰빙 행동 한국생활과학회지. 15(2). 261-274.

윤진환(2012). 노인의 근감소성 비만에 대한 저항성 운동전략. 대한비만학회지. 21(1). 5-10.

이규문 · 최종환(1999). 12주간의 규칙적인 운동이 여성노인들의 반응시간에 미치는 영향. 한국노년학. 19(3). 65-78.

이규문 · 최종환 · 류석윤(1998). 유산소성 운동이 여성 노인들의 체력과 반응시간에 미치는 영향 충북대학교 평생체육연구소논문집. 10. 1-13.

이명천 · 김찬회 · 김재호 · 차광석 · 조정호 · 김원중 · 이대택 · 김원식 · 박상규 · 강익원 · 이주형 · 이승범 옮김(2006). 운동생리학. 라이프사이언스.

이양균. 노인들의 운동 대한의사협회. 857-868.

이재구 등 공역(2011). 운동처방과 퍼스널 트레이닝. 대한나래출판사.

임미영 · 문영희(2013). 노인 건강증진 프로그램의 효과 분석. 한국보건간호학회지. 27(2). 384-398.

장경태 · 이경옥 · 임호남 · 진행미 · 서연태 · 이정숙 공역(2008). 노인체육. 도서출판 대한미디어.

장경태 · 이정숙 옮김(2003). 건강한 삶을 위한 운동처방 기초. 도서출판 대한미디어.

정문용 · 김성수 · 김태용(2003). 노인우울증에 대한 Tianeptine의 치료효과와 해마의 변화. 대한정신약물학회지. 14(3).

조경환·박용규·노용균(1997). 한국인 생존곡선 압축에 대한 연구 1986-1995. 노인병. 1(1). 39-42.

조해경(2002). 성공적 노화에 관한 연구. 연세대학교 대학원 박사학위논문.

주기찬 옮김(2004). 운동처방 : 최신 ACSM 지침에 따른 사례연구 중심. 도서출판 대한미디어.

진영수(2007). 심장질환의 운동처방 대한의사협회 대상별 운동처방. 808-821.

진영수(2007). 운동의 항노화작용 대한의사협회지. 50(3). 240-251.

차준태·지용석(2004).규칙인 운동이 노인의 심폐 기능과 우울증에 미치는 영향. 한국체육학회지. 43(5). 331-340.

체육시설의 설치이용에 관한 법률(2017).

최공집(2012). 건강운동 지도론. 대경북스.

최종환·양점홍·이청무·김선응·구광수·박태섭·강경환·김현주 공역(2006). 신체활동과 노화. 도서출판 대한미디어

최철영·조현철(2012). 노인의 운동참여 정도가 Wellness에 미치는 영향 한국웰리스학회지. 7(3). 13-21.

최필병(2011). 장기간의 복합운동이 골다공증 노인의 신체부위별 골밀도와 심혈관질환 위험요인에 미치는 영향. 한국노년학. 31. 355-269.

추연경·손준호(2012). 16주간 복합운동 프로그램이 여성노인의 건강체력과 우울에 미치는 영향. 코칭능력개발지. 14(3). 105-114.

황옥철(2011). 고령화시대 노인의 생활체육 활성화 방안과 코칭 모색. 코칭능력개발지. 13(4). 129-139.

A. P. (2001). The age-related challenges of posture and balance. In J. D. Bougie A P. Morgenthal(Eds.), The aging body: Conservative management of common neuromusculoskeletal conditions(pp.45~68). New York: McGraw-Hill.

Abbott, R. D White, L R Ross, G. W Masaki, K H., Curb, J. D. & Petrovitch, H. (2004). Walking and dementia physically capable elderly men. 292, 1447~1453.

Abell, J. E, Hootman, J. M., Zack, M. M., Moriarty. D. Helmick, C. G. (2005). Physical activity and health related of life among people with arthritis. J Epidemiol Community Health. 59(5), 380~385.

ACSMs Guidelines for Exercise testing and Prescription(2006). 7th Edition. Uppincott Williams Wilkins, American

Adams, K J., Swank, A M., Berning, J. M., Sevene-Adams, P. G., Barnard, K. L & Shimp-Bowerrnan, J. (2001). Progressive strength training in sedentary, older African American women. Med Sci Sports Exerc. 33(9), 1567~1576.

Aggarwal, A & Ades, P. A (2001). Interaction of herbal remedies with prescription cardiovascular medications. Artery Disease, 12(7), 581~584.

AGS. American Geriatrics Society Panel on Exercise and Osteoarthritis. (2001) Exercise prescription for older adults with osteoarthritis pain: consensus practice recommendations. A supplement to the AGS Clinical Practice Guidelines on the management of chronic pain in older adults. J Am Geriatr Soc. 49(6), 808~823.

Albert, S. M. Public health and aging: An introduction to maximizing function and well-being: Springer Publishing.

Alexander, N. (1994). Postural control in older adults. Journal of the American Geriatrics Society, 42, 93~10.

American College of Sports Medicine. (2000). ACSM's Guidelines for exercise testing and prescription (6th ed.).

Anstey, K J. & Christensen, H. (2000). Education, activity, health, blood pressure, and apolipoprotein E asof cognitive change in old age: A review. Gerontology, 46(3), 163~177.

Y., Park H Park S., Shephard R J., Habitual physical activity and health—related quality of life in older adults: interactions between the amount and intensity of activity (the Nakanojo Study). 2010: 19(3): 333-8. Pub Med PMID: 20084463.

Aoyagi Y., Park H., Watanabe E., Park S., Shephard R. J., Habitual physical activity and physical fitness in older adults: the Nakanojo Study. Gerontology. 2009: 55(5): 523~31. PubMed PMID: 19776608.

Aoyagi Y., Shephard R. J., Steps per day: the road to senior health. Sports Med. 2009: 39(6): 423~38. PubMed PMID: 19453204.

Aoyagi Y., Togo F., Matsuki S., Kumazaki Y., Inoue S., Takamiya T., Naka M., Shephard R. J Walking velocity over 5m as a basis of exercise prescription for the elderly: preliminary data from the NakanojoEur J Appl Physiol. 2004 Oct: 93(1-2): 217~23. PubMed PMID: 15316791.

Atchley, R. C. (1989). A continuity theory of normal aging. The Gerontologist, 29(2), 183~190.

Babok M. A Paterson, D. H. Cunningham, D. A (1994). Effects of aerobic endurance training on gas kinetics of older men. Medicine & Science in Sports & Exercise. 26, 447~445.

Baechle, T. R Earle, R. W. (2000). Essentials of strength training and conditioning, 2nd ed Champaign IL: Kinetics, 414.

Baltes, M. M. Baltes, P. B. (1990). Psychological perspectives on successful aging: The model of selective optimization with compensation. In M.M. Baltes & P. B. Baltes (Eds.), Successful aging: Perspectives from the sciences. Cambridge: Cambridge University Press.

Bandura, A (1986). Social foundations of thought and action: A social cognitive theory. Englewood Cliffs, NJ: Prentice. Hall.

Bandura, A (1997). Health promotion from the perspective of social cognitive theory. Psychology and Health, 13, 623~649.

Bandura A (1977). Social learning theory. Englewood Cliffs, NJ: Prentice-Hall.A

Bandura,A (1992). Self-Efficacy Mechanisms in Physiological Activation and Health Promoting Behavior. In Learning, and Affect. New York: Raven Press.

Bandura A (1994). Self-efficacy. In V. S. Ramachaudran(Ed.), Encyclopedia of human Behavior, 4, 71~81. New York: Academic Press.

Bandura A (1999). A social cognitive theory of personality. Handbook of personality (2nd ed.) New York: Guilford

Behavioral Risk Factor Surveillance System Survey Data. (2008). retrieved January 30, 2015 from http://vwvw.cdc.gov/nccdphp/dnpa/physical/stats/index. htm.

Berkman, L F. Breslow, L Health and ways of living: Die Alameda County study: Oxford University Press New.

Billig, N. (1987). To be old and sad. New York: Lexington Books.

D. B. (1997). Muscle strength, bone mass, and age-related bone loss. Journal of Bone and Mineral 12, 1547~1551.

Booth, M., Owen, N Bauman, A, Clavisi, O. & Leslie. E. (2000). Social-Cognitive and Perceived Environment Associated with Physical Activity in Older Australians. Preventive Medicine. 31,

15~22.

Boston University School of Public Health. Behavior change model. (2015). Retried from http://sphweb.bumc.bu.edu/otlt/MPH-Nules/SB/SB721-M(xjels/SB721-Models2tml

Blair, S. N., Kohl, H. W, Paffenbargei; R. S Clark, D. G., Cooper, K. H. Cibbons, L W. (1989). Physical fitness and all-cause mortality: A prospective study of healthy men and women. Journal of the American Medical 262, 2395~2401.

Blumenthal, J. A, Babya K M. A, Moore, K A, et al. (1999). Effects of exercise training on older patients with depression. Arch Intern Med. 159(19), 2349~2356.

Braddom R. A (1996). Principles of geriatric rehabilitation In: Felsenthal G, Stein BD Physical medicine Rehabilitation. Philadephia L WB Saunders, 12(42), 447~452.

Braith, R. W Magyari, P. M., Pierce, G Edwards, D. G Hill, J. A, White, L J. Arande, J. W. Jr. (2005). Effect resistance exercise on skeletal muscle myopahty in heart transplant recipients. American Journal of 95, 1192~1198.

BurbanK P. M. & Riebe, D. R (December 2001). Promoting Exercise and Behavior Change in Older Adults: Interventions with the Trans theoretical Model. Springer Publishing Company; 1 edition. 36~37.

Burns J. M. et al. (2008). Cardio respiratory fitness and brain atrophy in early Alzheimer's disease. Neurology 71(3):

Center for Disease Control and Prevention. (1996). Physical Activity and Health Energize Your Life. Retrieved 24, 2014, from http://www.cdc.gov/nccdphp/dnpa/physical/terms.

Center for Disease Control and Prevention. (2006). Trends in strength training: United States 1998-2004. MMWR Mortal Wkly

Rep. 55, 769~772.

Cervone, D. Pervin, I, A (2008). Personality Theory and research. (10th ed.).

Cheng, Y. J' Gregg, E. W., Rekeneire, N., Williams, D. E., Imperatore, G., Caspersen, C. J. & Kahn, H. S. (2007). strengthening activity and its association with insulin sensitivity. Diabetes Care, 30, 2264~2270.

Chodzko-Zajko, W. J. & Gingel, R. L (1987). Physiological fitness measures and sensory and motor performance aging. Experimental Gerontology, 22, 317~328.

Cochen, N. D., Dunstan, D. W Robinson, C Vulikh, E., Zimmet, P. Z. & Shaw. J. E. (2008). Improved endothelial following a 12-month resistance exercise training program in adults with type 2 diabetes. Diabetes Research and Clinical Practice, 79, 405~411.

Cohen, B. J. (2009). Memmbers The Human Body in Health and Disease (11th). Uppincott williams wilkins. Edward L Fox.

Colberg, S. R., Sigal, R. J.f Fernhall, B., Regensteiner, J. G., Blissmer, B. J., Rubin, R. R., Chasan-Taber, L ,Albright, A. L Braun, B. (2010). Exercise and type 2 diabetes: the American College of Sports Medicinethe American Diabetes Association: joint position statement. Diabetes care, 33, e147~e167.

Colcombe, S. J., Erickson, K I, Scalf, P. E., et al. (2006). Aerobic exercise training increases brain volume in humans. J Gerontol A Biol Sci Med Sci, 61(11), 1166-1170.

Connelly, D. M. (2000). Resisted exercise training of institutionalized older adults for improved strength and mobility: A review. Topics in Geriatric Rehabilitation, 15, 6~28.

Convey, H. C. (1981). A reconceptualization of continuity theory:

Some preliminary thoughts. The Gerontologist, (6), 628–633.

Cotton, R. T.f Ekeroth, C. J. Yancy, H. Exercise for older adults: ACE's guide for fitness professionals: American Council on Exercise San Diego, California(1998).

Clarkson-smith, L & Hartley, A (1989). Relationships between physical exercise and cognitive abilities in older Psychology and Aging.

Crombie, I., Irvine, L, Wiliams, B., McGinnis, A, Slane, P Alder, E. & McMurdo, M. (2004). Why Older People Do Participate in Leisure Time Physical Activity: A Survey of Activity Levels, Beliefs and Deterrents. Age Ageing, 33(3), 287~297

Cumming, E. & Henry, W. E. (1961). Growing old: The Process of Disengagement, New York: Basic Books.

Daley, M. Bandura, A (1986). Social foundations of thought and action: A social cognitive theory. Englewood Cliffs, NJ: Prentice.Hall.

DEA Health & Fitness Assosication, the leading international membership association in the health and fitness www.com

Doherty, R. O Stein, D. & Foley, J. (1997). Insulin resistance. Diabetologis, 40.

Down, R. J. Haennel, R. G. (1997). Percent heart rate reserve is not equivalent to percent maximal oxygenCanadian Journal of Applied Physiology. 22(Suppl.), 13.

Dustman, R E., Emmerson, R. Y., Rhling, R. 0., Shearer, D. E., Steinhaus, L A, Joinson, S. C Bonekat, H. W. Shigeoka, J. W. (1990). Age and fitness effects on EEG, ERPs, visual senistivity, and cognition.of Aging, 11, 103~200.

Dykstra P. (2009). Older adult loneliness: Myths and realities. European Journal of Ageing, 6, 91~100.

Eickhoff−Shemek, J. M. (2001). Do standards of practice reflect legal duties. ACSM' s Health and Fitness Journal, 23−25.

Emmerson, R. Y., Dustman, R. E. Shearer, D. E (1989). patency and symbol digit performance correlations ageing. Experimental Aging Research, 15, 151~159.

Erickson, K l Voss, M., Prakash, R., BasaK C, Chaddock, L, Kim, J Heo, S Alves, H White, S., Wojcicki, T.,E Viera, V., Martin, S., Pence, B Woods, J., McAuley, E. Kramer, A F. (2011), Exercise Training Size of Hippocampus and Improves Memory. Proceedings of the National Academy of Sciences,

Eskurza, I., Donato, A J., Moreau, K L, Seals, D. R. Tanaka, H. (2002). Changes in maximal aerobic capacity age in endurance−trained women: 7−yr follow up. Journal of applied physiology, 92, 2302~2308.

Everard, K. M., Lach, H. W Fisher, E. B. & Baum, M. C. (2000). Relationship of activity and social support to the health of older adults. Journal of gerontology: social sciences, 55, 208^212.

Etnier, J. L Berry, M. (1997). The influence of age and fitness on performance and learning. Journal of Aging Physical Activity, 5, 175~189.

Etnier, J. L & Berry, M. (2001). Fluid intelligence in an older COPD sample after short−or long−term exercise. Medicine and Science h Sports and Exercise, 33, 1620~1628.

Fabiani, M., Low, K. A, Wee, E Sable, J. J. & Gratton, G. (2006), Reduced Suppression or Labile Memory Mechanisms of Inefficient Filtering of Irrelevant Information in Older Adults, Journal of Cognitive Neuroscience, 637−650.

Fabre, C Chamari, K, Mucci, P Masse−Biron, J. Prefaut, C. (2002). Improvement of cognitive function byand/or individualized aerobic training in healthy elderly subjects. Int J Sports Med. 23(6), 415~421.

Fatouras, K G., Taxildaris, K. Tokmakidas, S. P. Kalapotharakos, V., Aggelousis, N Athanasopoulos, S. (2002). The effects of strength training, cardiovascular training and their combination on flexibility of inactive older adults. International Journal of Sports Medicine, 23, 112~119.

Ferrini, R, Edelsteria, S. Barrett-Connor E. (1994). The Association Between Health Beliefs and Health Behaviorin Older Adults. Prevention Medicine, 23(1). Retrieved from http://www.pubmed.com.

Ferrucci, L, Guralnik, J. M., Pahor, M Corti, M. C. & Havlik, R J. Hospital diagnoses, Medicare charges, and home admissions in the year when older persons become severely disabled(1997). JAMA, 277(9), 728-734.

Fiatarone Singh, M. A (2000). Exercise, nutrition and the older woman.

Fleck, M. P. A, Chachamovisch, E. Trentini, C. M. (2003). Projeto WHOQOL-OLD: Metodo e resultados defocais no Brasil. Revista de Saude Publica, 37, 793~799.

Fries, J. F. Aging, natural death, and the compression of morbidity(2002). Bulletin of the World Health Organization, (3), 245~250.

Frontera, W. R, Meredith, C. N., O'Relly, K P. & Evans, W. J. (1990). Strength training and determinants of max in older man. Journal of Applied Physiology. 68, 329~333.

Frontera, W. R., Meredith, C. N., O'Reilly, K P., Knuttgen, H. G. Evans, W. J. (1988). Strength conditioning in men: skeletal muscle hypertrophy and improved function. Journal of Applied

Physiology, 4, 1038－1044.

Gibson, D Karpovich, P. V. & Gollnick, P. D. (1961). Effect of training upon reflex and reaction time. Washington, DC: Office of the Surgeon General.

Glanz, K, Marcus Lewis, F. & Rimer, B. K (2002). Theory At a Glance: A Guide for Health Promotion Practice. Institute of Health.

Global Recommendations on Physical Activity for Health. (2010). World Health Organization.

Glen E. D., Michael, G. P., Douglas, W. T, Alan, D. H., Robert, H. E. & Peter W. (2003). Exercise training without loss, increases insulin sensitivity and post heparin plasma lipase activity in previously sedentary adults. Care, 557~562.

Grembowski, D., Patrick, D., Diehr, P., Durham, M Beresford, S., Kay, E. & Hecht, J. (1993). Self－efficacy and behavior among older adults. Journal of Health and Social Behavior, 34, 89° 04.

Gross, G. G. & Zeigler, H. P.(1969), Readings in physiological psychology: learning and memory. New York:Row.

Gergen, K J. (1971). The concept of self, New York: Holt, Rinehart, Winston.

Gordon, N. F. (1993), Diabetes: Your complete exercise guide. Human Kinetics.

Gonzales McNeal, M., Zareparsi, S camicioli, R, Dame, A, Howieson, D Quinn, J., et al. (2001). Predictors of brain aging. Journal of Gerontology: Biological Sciences, 56A B294~B301.

Harman, D. (1956). Aging: A theory based on free radical and radiation chemistry. Journal of Gerontology, 11, 298－300.

Harris, T., Lipsitz, L A, Kleinman, J. C. Cornoni－Huntley, J. (1991). Postural change in blood pressure associated with age and systolic blood pressure. Journal of Gerontology: Medical Sciences, 46,

M159~M163.

Haskell, W. L, Lee, I. M Otae, R. R, Powell, K E, Blair, S. N., Franklin, B. A, Macera, C. A, Heath, G. W Thompson, P. D., Bauman, (2007). American College of Sports Medicine: American Heart Association. Physical activity and public health: updated recommendation for adults from the American College of Sports Medicine and the American Association. Circulation, 116, 1081~1093.

Havighurst, F. J. (1968). Personality and patterns of aging. The Gerontologist, 8, 20~23.

Hayflick, L (1961). Die limited in vitro lifetime of human diploid cell strains. Experimental Cell Research, 37, 614~636.

Healy, G. N., Dunstan, D. W., Salmon, J., Cerin, E, Shaw, J. E., Zimmet, P. Z. Owen N. (2007). Objectively measured light intensity physical activity is independently associated with 20h plasma glucose. Diabetes cart, 30, 1384−1932.

Hepple, R. T. (2000). Skeletal muscle: Microcirculatory adaptation to metabolic demand. Medicine and Science in Sports and Exercise, 32, 117~123.

Hiroyuki, N., Tadashi, N., Tohru, F, Kazuaki, K, Minoru, M' Katsuto, T., Masahiko, T' Hitoshi, N., Ken, K, Hiroshi, K, Kikuko, H., Shizuya, Y. & Yuji, M. (2001). Visceral fat is a major contributor for multiple risk factor clustering in Japanese men with impaired glucose tolerance. Diabetes Care, 24(12), 2124~2133.

Ho, C. W., Beard, J. L, Farrell, A, Minson, C. T. Kenny, W. L (1997) Age, fitness, and regional blood flowexercise in the heat. Journal of Applied Physiology, 82, 1126~1135.

Hochbaum, G. M. (1958). Public participation in medical screening programs: a sociopsychological study. DC: U. S. Public Health

Service. Publication No. (PHS) 572.

Hutton, R. S. (1992), Neuromuscular basis of stretching exercises. In Strength and Power in sport, P. V. Komi, ed. Oxford: Blackwell Scientific.

Hogstel, M. (1995). Arthritis and exercise. Primary Care, 20, 895~910.

Holloszy, J.(2001). Cellular adaptations to endurance exercise: Master athletes. International Journal of Sports Nutrition and Exercise Metabolism, 11, S186~S188.

Hyatt, R. H. (1996). Strength training for the aging adult. In J. Clark (Ed.), Exercise programming for older adults, 27~36, New York: Haworth Press.

Jancey, J Clarke, A, Howat, P., Maycock, B. & Lee, A (2009). Perceptions of Physical Activity by Older Adults: A Qualitative Study. Health Education Journal, 68(3), 196~206.

Jankord R Jemiolo B. Influence of physical activity on serum IL−6 and IL−10 levels h healthy older men. Med Sports Exerc. 2004, 36(6): 960~964.

Jill A B. & Kerri. W. (2011). Motivating older adults to exercise: what works Age and Ageing. 40, 148~14

Karvonen, M., Kentala, K Muslala. O. (1957). The effects of training heart rate: a longitudinal study. Biology and Medicine. 35, 307−315.

Katzman, R. & Terry, R. (1991). Normal aging of the nervous system In R. Katzman & J. W. Rowe(Eds.), Principles of geriatric neurology. (pp. 18~58).

Kelly, R, Zyzanski, S. & Alemagno, S. (1991). Prediction of Motivation and Behavior Change Following Health Promotions: Role of Health Beliefs, Social Support, and Self−Efficacy. Social

Science Medicine, 32(3). from http://www.pubmed.com.

Kesaniemi Y. K, Danforth E. Jr., Jensen M. D Kopelman P. G Lefebvre Reeder B. A, Dose-response issues physical activity and health: an evidence-based symposium. MEDICINE & SCIENCE IN SPORTS.

Khattab, M., Abolfotouh, M. A, Alakija, W., alHumaidi, M. A al-Wahat, S. (1999). Risk Factors of Coronary Heart: Attitude and Behavior Family Practice In Saudi Arabia Journal of Eastern Mediterranean Health.

Kivickas, L S Suh, D., Wilkins, J., Hughes, V. A, Robenoff, R. & Frontera, W. A (2001). Age-and gender-belated differences in maximum shortening velocity of skeletal muscle fibers. American Journal of physical Medicine and Rehabilitation, 80, 447~455.

Klag, M. J., Whelton, P. K Appel, L J. (1990). Effect of age on the efficacy of blood pressure treatment strategies. Hypertension, 26, 700~705.

Kohl, H. (2001). Physical activity and cardiovascular disease: Evidence for a dose -response. Medicine andin Sports and Exercise. 33, 472~783.

Kryger, A I. & Anderson, J. L(2007). Resistance training in the oldest old: consequences for muscle strength, types, fiber size and MHC isoforms. Scandinavian Journal of Medicine Science in Sports, 17, 422-430.

Lakatta, E. G. (1990). Heart and circulation, In E. L Schneider & S. W. Rowe (Eds.), Handbook of the biology of aging, 181~21

Landers, K A, Hunter, G. R, Wetzstein, C. J., Bamman, M. M. & Wiensier, R. L (2001). The interrelationship among muscle mass, strength, and the ability to perform physical tasks of daily living in younger and older women. Journal of Gerontology: Biological

Sciences, 56A B443~B448.

Lantz, M. (2002). Depression in the elderly: Recognition and treatment. Clinical Geriatrics, 10, 18~24.

Larson, E. B., Wang, L, Bowen. J. D., McCormick, W. C., Teri, L, Cran, P. & Kukull, W. (2006). Exercise is with reduced risk for incident dementia among persons 65 years of age and older Ann Intern144, 73-81.

Laurin, D., Verreault, R Undsay, J., MacPherson, K Rockwood, K (2001). Physical activity and risk of cognitiveand dementia in elderly persons. Arch Neurol. 58(3), 498~504.

Lee, C. S. (2011). Self-efficacy and physical activity of older adults. (Unpublished doctoral Dissertation). Ball State IN, USA.

Little, T. D. & Smith, J. (2000). Is age-related stability of subjective well-being a paradox. Cross-sectional and longitudinal evidence from the Berlin aging study. Psychology and Aging, 15, 511~526.

Loeb, S. (2004). Older Men's Health: Motivation, Self-Ratings and Behaviors. Nursing Research, 53(3).

M.A, Duncan, P., Rose, D'Chandler, J. Studenski, S. A (1996). The relationship of postural sway to sensorimotor function, functional performance, and disability in the elderly. Archives of Physical Medicine and Rehabilitation, 77, 567~577

Marcus, R. (2001). Role of exercise in preventing and treating osteoporosis. Rheumatic Disease Clinics of North America, 27, 131~141.

Martini, E. B. Botenhagen, K A (2003). Exercise for the frail elders, Champaign, IL: Human Kinetics.

McArdle, W. D., Katch, F. I. Katch, V. L (2001). Exercise physiology: Energy, nutrition and human performance. New York: Academic Press.

McAuley, E., Elavsky, S., Molt, R. W., Konopack, J. F., Hu, L Marquez, D. X (2005). Physical Activity,Efficacy, and Self-Esteem: Longitudinal Relationships in older adults. Journal of Gerontology: Psychological sciences, 60.

McGill, S. M. (2001). Low back stability: from formal description to issues for performance and rehabilitation. Exercise and Sport Sciences Review, 29(1), 26~31.

Mihalko. S. M. & Bane, S. M. (1997). Exercise and Self-Efficacy in Middle-Aged Adults: Multidimensional Relationships and Physical Fitness and Self-Efficacy Influences. Journal of Behavioral.67-83.

Moe I. T Hoven H et al. (2005), Endothelial function in highly endurance-trained and sedentary, healthy young Vase Med 10, 97~102.

Mun, Y. H. (2006). Die effects of an exercise program on the physical, physiological and emotional status of the Journal Korean Academy of Community Health Nursing, 7(4), 451~460.

Nelson M. E., Rejeski W. J., Blair S. N., Duncan P. W., Judge J. O., King A C., Macera C. A. (2007). Castaneda-Sceppa14. American College of Sports Medicine; American Heart Association. Physical activity and public health in older adults: recommendation from the American College of Sports Medicine and the American Heart Association. Circulation. 116(9): 1094~1105.

Netz, Y., Wu, M. J Becker, B. J. Tenenbaum, W. (2005). Physical activity and psychological well-being in advanced age: a meta-analysis of intervention studies. Psychol Aging. 20(2), 272-84.

Ogawa, T., Spina, R. J. & Hyed, W. H et al. (1992), Effects of aging sex and physical training on cardiovascular to exercise. Circulation. 86(2), 494~503.

Pang, M. Y., Eng, J. J. & Miller, W. C. (2007). Determinants of satisfaction with community reintegration in olderwith chronic stroke: role of balance self efficacy. Physical Therapy, 87(3), 282~291.

Pansarasa O., Bertorelli L, Vecchiet J., Felzani G., Marzatico F., Age-dependent changes of antioxidant activities and markers of free radical damage in human skeletal muscle. Free Radic Biol Med. 1999, 27(56): 617~622.

Park H., Park S., Shephard R. J., Aoyagi Y. (2010). Year long physical activity and sarcopenia in older adults: the Nakanojo Study. Eur J Appl Physiol. 109(5): 953~61. PubMed PMID: 20336310.

Park H.,Togo F., Watanabe E., Yasunaga A Park S., Shephard R. J., Aoyagi Y.(2007)., Relationship of bone health to yearlong physical activity in older Japanese adults: cross-sectional data from the Nakanojo Study. Osteoporos Int. 18(3): 285~93. PubMed PMID: 17061150.

Pasqualina, P. C., Walter, J. P., Rolf, E. I., Hannes, B. S. Franziska, K (1998). The effects of resistance training on well-being and memory in elderly volunteers. Age and Ageing. 27, 469~475.

Pate, R. R Pratt, M., Blair, S. N., Haskell, W. L, Macera, C. A, Bouchard, C. et al. (1995). Physical activity and public health. A recommendation from the Centers for Disease Control and Prevention and the Americanof Sports Medicine. JAMA. 273, 402~407.

Pavot, W. & Diener, E. (1991). A manual for the satisfaction with life scalej Urbana: University of Illinois.

Penninx, B. W., Rejeski, W. J., Pandya, J., Miller, M. E., DiBari, M' Applegate, W. B et al. (2002). Exercise andsymptoms: A comparison of aerobic and resistance exercise effects on emotional and physical function in older persons with high and low depressive symptomatology. Journal of Gerontology B: Psychological Sciences and Social Sciences. 57, 124~132.

Peresghin, G., Trice, T. B., Patersen, K F., et al. (1996). Increased glucose transport-phosphorylation and muscle glycogen synthesis after exercise training in insulin-resistant subjects. New England Journal of Medicine, 335, 1357-1362.

Philadelphia Lippincott Williams & Wilkins.ShemeK J. M. Deja, K (2002). Are health fitness facilities complying with ACSM standards ACSM's and Fitness Journal, 6, 16-21.

Pfister-Minogue, K (1993). Enhancing patient compliance: A guide for nurses. Geriatric Nurse. 14, 124~132.

Pollock, J. L, Graves, J. E. & Leggett, S. (1989). Injuries and adherence to aerobic and strength training exercise programs for the elderly. Presented at the Annual meeting of American College of Sports Medicine, 5, Baltimore

Rachner T. D., Khosla S. & Hofbauer L C. (2011), New horizons in osteoporosis. Lancet 377(9773):287.

Rankin, J. (1993). Eidt, exercise, and osteoporosis. Certified News (American College of Sports Medicine), 3, 14.

Rejeski, W. J. & Mihalko, S. L (2001). Physical activity and quality of life in older adults. J Gerontol A Biol Sci Med2, 23-35.

Rival, L, Pillard, F., Lafont, C., Rivere, D., Albarede, J. Vellas, B. (2000). Journal of Nutrition andin Aging, 4(2), 109M13.

Roth, S. M., Marte, G. F Lvey, F. M., Lemmer, J. T., Tracyy, B. L, Metter, E. J, et al. (2001). Skeletal musclecell characteristics in young and older men and women after heavy resistance strength training. The of Gerontology Series A: Biological Sciences and Medical Sciences, 56, B240~247.

Rowe, J. W. Khan, R. L (1997). Successful Aging. The Gerontologist, 37(4), 433~440.

Scott, V Peck, S. Kendall, P. (2004). Prevention of Falls and Injuries Among the Elderly: A special report from the Office of the Provincial Health Officer. Victoria, B. C.: Ministry of Health Ranning.

Seals, D. R., Gjagberg, J. M., Hureley, B. F., Ehsani, A Holloszy, J. O. (1984). Endurance training in older men and women 1: Cardiovasucular responses to exercise. Journal of Applied Physiology. 57, 1024~1029.

Senz, C., Gautier, J. F. Hanaire, H. (2010). Physical exercise for the prevention and treatment of type 2 Diabetes & Metabolism, 36, 346~351.

Shavelson, R. J., Hubner, J.J. & Stanton, J. C. (1976). Self-concept: Validation of construct interpretations. Review Educational Research, 46, 407~441.

Shephard, R. J. (1994). Determinants of exercise in people aged 65 years and older. In R. K Dishman (Ed.), Advances in exercise adherence (pp. 343-360). Champaign, IL: Human Kinetics.

Short, K R. Nair, K S. (2001). Muscle protein metabolism and the sarcopenia of aging. International Journal of Sports Nutrition and Exercise Metabolism, 11, S119~S127.

Shobha, S., Liam R O. & Allen, D. (2003) Creating health communities, healthy homes, healthy people: Initiating a research agenda on the built environment and public health. American Journal of Public Health, 93, 1446.

S. J. Peterson, J. A (Eds.). (1997). ACSMs health fitness facility standards and guidelines(2nd ed.). IL: Human Kinetics.

Sigal, R. J., Kenny, G. P. Wasserman, D. H. (2004). Castaneda —Sceppa C: Physical activity exercise and type 2 diabetes. Diabetes Care, 27, 2518~2539.

Simmons, V. Hansen, P. D. (1996). Effectiveness of water exercise on postural mobility in the well elderly: An study on balance enhancement. Journal of Gerontology: Medical sciences. 51A(5), M233~M238.

Skinner, B. F. (1953). Science and human behavior. New York: Free Press.

Spirduso, W. W. (1995). Physical dimensions of Aging. , IL: Human Kinetics Publishers.

Spirduso, W. W. & Farrar, P. (1981). Effect of aerobic training on reactive capacity: An animal model. Journal Gerontology, 36, 654~662.

Spina, R. J. (1999). Cardiovascular adaptation to endurance exercise training in older men and women. Exercise and Sport Sciences Reviews, 27, 317~332.

Stead, M Wimbush, E Eadie, D. Teer, P. (1997). A qualitative study of older people's perceptions of aging and exercise: The implications for health promotion. The health education journal, 56, 3~16.

Stewart, A L, King, A C. (1991). Evaluating the efficacy of physical activity for influencing quality of life outcomes in older adults. Annals of Behavioral Medicine, 13, 111.

Stewart. A L, King, A C. & Haskell, W. L (1993). Endurance exercise and health—related quality of life in 50~65—year—old adults. Gerontologist, 33, 782~789

Swain. D. P. Leutholtz, B. C. (1997). Heart rate reserve is equivalent to VO$_2$ Reserve, not to VO$_2$max. Medicine Science in Sports & Exercise, 29, 410~414.

Swain, D. P., Leutholtz, B. C., King, M. E Hass, L A Branch, J. D. (1998). Relationship of heart rate reserve and VO$_2$ Reserve in treadmill exercise. Medicine & Science in sports & Exercise. 30, 318~321.

Tabbarah, M., Crimmins, E. M. Seeman, T. E. (2002). The relationship between cognitive and physical: MacArthur Studies of Successful Aging. J Gerontol A Biol Sci Med Sci. 57(4), 228−235.

Teixeira−Salmela L F., Santiago L, Lima R. C. et al. (2005), Functional performance and quality of life related to and detraining community−dwelling elderly. Disabilility Rehab 27: 1007~1012.

Testa, M. A & Simonson, D. C. (1996). Assessment of quality of life outcomes. N Engl J Med. 334(13), 835~840.

Thompson, L V. (2002). Skeletal muscle adaptation with age, inactivity, and therapeutic exercise. Journal of Orthopedic and Sports Physical Therapy, 32, 44~57.

Tjonna, A K, Lee, S. J Rognmo, 0., Stolem T. O., Bye, A, Haram, P. M., Loennechen, J. P., Al−Share, Q. Y.E., Slordahl, S. A, Kemi, 0. J Najjar, S. M. Wisloff, U. (2008). Aerobic interval training versus continuous moderate exercise as a treatment for the metabolic syndrome: pilot study. Circulation, 118, 346~354.

Tmiras, P. S. (1994). Physiological basis of aging and geriatrics, Boca Raton, FL; CRC Press.

Togo F., Watanabe E., Park H., Shephard R. J., Aoyagi Y. Meteorology and the physical activity of the elderly: the Study. Int J Biometeorol. 2005 Nov; 50(2): 83~9. PubMed PMID:

16044348.

Traustadottir T., Davies S. S., Su Y., Choi L, Brown-Borg H. M., Roberts L J. (2011) 2nd, Harman S. M. Oxidative stress older adults: effects of physical fitness. Age.

Tsai J. C., Yang H. Y., Wang W. H. et al. (2004). The beneficial effect of regular endurance exercise training on pressure and quality of life in patients with hypertension. Clin Exp Hypertens 26:255~265.

Tsopanakis C Kotsarellis D. & Tsopanakis A D. (1986). Lipoprotein and lipid profiles of elite athletes in OlympicInt J Sports Med 7(6): 316~321.

Van Boxtel, M. P. J., Pass, F. G. W. C Houx, P. J., Adam, J. J., Teeken, J. L & Jolies, J. (1997). Aerobic capacity cognitive performance in a cross-sectional aging study. Medicine and Science in Sports and Exercise, 29, 1357-1365.

Walker, J. (1991). Connective tissue plasticity: issues histological and light microscopy studies of exercise and in articular cartilage. 14(5), 189~197.

Warner, H., Butler, R. N., Sprott, R L & Schneider, E. L (Eds.). (1987). Modern biological theories of aging, New Raven.

Warren, B. J., Nieman, D. C Dostonr, R. G.f Adlkins, C. H., O' Donnell, K A, Haddock, B. L, Butterworht, D. E. (1993). Cardio respiratory response to exercise training in septuagenarian women. International Journal of Sports Medicine. 14(2), 60~65.

J., Kang J. H Manson, J. E., Breteler, M. M., Ware, J. H. & Grodstein, F. (2004). Physical activity, including walking, and cognitive function in older women. JAMA 292, 1454~1461.

Wiebe, C. G., Gledhill, N., Jamnik, V. K Ferguson, S. (1999). Exercise cardiac function in young through elderly trained women.

Medicine and Science in Sports and Exercise. 31. 684~691.

Williams P. T., Wood P. D Haskell W. L, Vranizan K (1982). The effects of running mileage and duration on lipoprotein levels. JAMA 247 (19): 2674~2679.

Wilmore, J. H. & Costill, D. L (2008). Physiology of sport and exercise. Champaign, IL: Human Kinetics.

Wollacott, M. H., Shumway—Cook A & Nasner, N. M. (1986). Aging and posture control: changes in sensory and muscular coordination. Int J Aging Hum Dev. 23, 97~114.

Wood P. D. & Haskell W. L (1979). The effect of exercise on plasma high density lipoproteins. Lipids 14(4):417~427.

Wulf, G., Raupach, M. & Pfeiffer, F. (2005). Self—controlled observational practice enhances learning. Research for Exercise and Sport, 76(1), 107~111.

Yaffe, K, Barnes, D., Nevitt, M., Lui, L Y, & Covinsky, K (2000). A prospective study of physical activity and cognitive decline in elderly women: women who walk. Archives of International Medicine, 161(14), 1703~1708.

Yasunaga A, Togo F., Watanabe E., Park H., Park S., Shephard R. J., Aoyagi Y. (2008) Sex, age, season, and habitual physical activity of older Japanese: the Nakanojo study. J Aging Phys Act. 16(1): 3~13. PubMed PMID: 18212390.

Zambonim, M., Mazzali, G Fantin, F., Rossi, A Difrancesco, V. (2008). Sarcopenic obesity: obesity in the elderly. Nutrition, Metabolism and Cardiovascular Disease. 18, 388~395.

● 한국노인체육평가협회 소개

한국노인체육평가협회는 노인들의 체력 및 건강증진을 위해 노인 운동 프로토콜을 연구하고 시니어 전문 운동지도자를 양성하는 전문기관입니다.

서울대학교 의과대학과의 연구 및 자문을 바탕으로 최신 노인 운동중재 가이드라인을 개발합니다.

체육진흥법 제11조(체육지도자의 양성), 같은 법 시행령 제11조(연수과정), 제11조 2 (자격검정기관 및 연수기관의 지정)에 따라 노인스포츠지도사 국가자격증 현장실습 기관으로 지정되었으며, 문화체육관광부 등록 노인운동전문가 자격증 발급기관입니다.

노인 체육 증진 및 삶의 질 향상을 위해 다양한 기관과 협력하여 체육 프로그램을 진행하는 동시에, 노인운동에 관한 이해를 바탕으로 관련기관에서 유산소 운동, 근력 운동, 유연성 운동 등 노인들이 일상생활에 필요한 운동법을 제공하고 맞춤형 건강 운동 프로그램을 만들어 신체적으로 건강한 생활을 할 수 있도록 지도하는 지도자를 양성하고 있습니다.

현재까지 1,200명 이상의 전문가와 함께하고 있으며, 지도자 분들의 꾸준한 성장을 위해 정기적으로 무료/유료 세미나를 열고 있습니다.

1. SPT-E (Senior Personal Training-Expert) 시니어 피트니스 엑스퍼트 과정

시니어 피트니스 엑스퍼트 레벨 1
현장이 두렵지 않은 전문가가 되는 실전 완성 세미나

세미나 일정	장소 서울 경희대학교 한국노인체육평가협회 서울시 동대문구 경희대로 26, 삼의원센터 1층
	인원 20명 제한, 소수정예
타임테이블	10:00 - 11:20 1부 시니어 신체의 이해 - 노화, 노인성 질환
	11:30 - 12:00 2부 질환자 트레이닝 가이드, 유의사항
	13:00 - 13:50 3부 시니어 심리의 이해와 커뮤니케이션, 큐잉
	14:00 - 14:50 4부 가동범위 증진을 위한 저항운동 실기
	15:00 - 16:30 5부 시니어 트레이닝 실기/평가 - 도수
	16:40 - 18:00 6부 시니어 트레이닝 실기/평가 - 도구

- 인체 생리학 기반 노인 신체특성 및 노화
- 일반 노인 신체활동 및 운동 중재 가이드
- 질환별 트레이닝 실전 가이드
- 노인 체육 지도자 커뮤니케이션 방법 및 실기
- 가동 범위 증진을 위한 저항운동 실기
- 노인 신체 기능 측정 평가 및 실기

2. 주운야독 메타버스 생리학/역학 강의

- 근골격 해부생리학
- 핵심영양학
- 운동법칙과 적용
- 각운동과 레버리지

- 현장적용 핵심 신경과학
- 에너지대사 시스템
- 일과 에너지
- 근골격계의 기계적 물성 및 관절의 안정성

3. 비대면 라이브 세미나

〈지난 세미나〉

#1 퍼스널 논문 트레이닝 COVID-19 격리의 영향 : 종단연구

#2 많은 문제들은 손으로부터 비롯된다. 손과 손목 기능해부학

#3 LDL, HDL 대사를 효율적으로 이용하려면? 콜레스테롤 대사와 트레이닝

#4 버티는 운동들만 코어 트레이닝일까? Core muscle Training

#5 운동 후 얼음물에 들어가면 정말 도움이 될까? 열생리학적 조절과 회복 매커니즘

#6 Lipogenesis and lipolysis for trainers 지방 합성/분해 기전과 트레이닝

#7 치매와 경도 인지장애, 어떻게 트레이닝 시킬까? Cognitive Rehabilitation

#8 Neuromuscular fatigue and recovery 신경계/근골격계 피로의 생리학적 기전과 트레이닝

#9 Nutrition Strategies for Health &Athletic Performance 트레이닝 특성에 따른 3대 영양소 최적화 및 섭취 시스템

#10 미래에도 지금처럼 운동할까? 피트니스 현장의 미래와 방향성

#11 보수에 올리는 것이 밸런스 트레이닝일까? 밸런스 트레이닝 분석(Balance Training Analysis)

#12 Essential nutrition for training 체육지도자 핵심 영양학 세미나

#13 Clinical application for training 손목 근골격계 통증과 질환 관리

#14 Clinical application for training 발목 근골격계 통증과 질환 관리

#15 Clinical application for training 경추 근골격계 통증과 질환 컨디셔닝

노인 질환별 운동처방 및 평가 핵심 지침

한국노인체육평가협회

노인스포츠지도사

초판 1쇄 발행 2023. 3. 22.

지은이 지창대, 두예원
펴낸이 김병호
펴낸곳 주식회사 바른북스

등록 2019년 4월 3일 제2019-000040호
주소 서울시 성동구 연무장5길 9-16, 301호 (성수동2가, 블루스톤타워)
대표전화 070-7857-9719 | **경영지원** 02-3409-9719 | **팩스** 070-7610-9820

•바른북스는 여러분의 다양한 아이디어와 원고 투고를 설레는 마음으로 기다리고 있습니다.

이메일 barunbooks21@naver.com | **원고투고** barunbooks21@naver.com
홈페이지 www.barunbooks.com | **공식 블로그** blog.naver.com/barunbooks7
공식 포스트 post.naver.com/barunbooks7 | **페이스북** facebook.com/barunbooks7

ⓒ 지창대, 두예원, 2023
ISBN 979-11-92942-49-0 13690